AF523039

EISCREME
mal anders

FOOD52

EISCREME mal anders

60 TOLLE REZEPTE
MIT UND OHNE EISMASCHINE

Von der Redaktion von Food52
Fotografien von James Ransom

Inhalt

DIE KLASSIKER: SCHOKOLADE, VANILLE & CO.

DIE NUSSIGEN

DIE FRUCHTIGEN

DIE EXOTISCHEN

DIE MIT TEE, KAFFEE & ALKOHOL

DIE HERZHAFTEN

Vorwort

Semifreddo ist nicht gleich Eis! Und das Gleiche gilt für Gelato, Cremeeis, Sorbet, Sherbet, Milchshakes oder Paletas! Rezepte für all diese unterschiedlichen Eisarten finden Sie in diesem Buch – aber das ist noch nicht alles: In unserer Welt dürfen auch jede Menge leckere Toppings, Swirls und Extras nicht fehlen – denn erst diese machen jedes Eis zu etwas ganz Besonderem.

Wir haben genug von Büchern, die das Eismachen so *ernst* und so *schwierig* aussehen lassen oder uns weiszumachen versuchen, dass man Eis nur mit einer Eismaschine zubereiten kann. Wir wollten ein Buch schreiben, das ein für alle Mal mit dem Gerücht aufräumt, dass Eisdesserts in ihrer Zubereitung kompliziert sind und ewig dauern – denn die meisten Eisrezepte sind eigentlich supereinfach. Dieses Buch enthält unzählige Rezepte für Eis ohne Eismaschine (Seite 48) und Tipps zum Verfeinern und Aufpeppen von gekauftem Eis (Seiten 26, 29 und 63), dazu kommen zahlreiche Ideen und Rezepte für Extras und Toppings – sogar für selbst gemachte Zuckerstreusel (Seite 4)!

Und für diejenigen, die sich an den klassischen Eissorten schon satt gegessen haben, gibt es hier Neues zu entdecken – von Eis Philadelphia Style (Seite 16) über Cremeeis (Seite 117) und Iced Milk (Seite 153) bis hin zu Velvet (Seite 78) und Spoom (Seite 75). Und dazu kommen geniale Tipps, Varianten und Minirezepte, die Sie hoffentlich dazu anregen, selbst zu experimentieren.

Viele der Geschmacksnoten in diesem Buch sind altbekannt – und doch immer wieder für Überraschungen gut: Schwarze Walnüsse werden in Honig kandiert (Seite 42) und salzige Cracker und Brownies werden zu Eis-Sandwiches (Seite 33). Andere Geschmackskombinationen sind etwas ausgefallener, aber dafür umso leckerer, wie zum Beispiel das Avocado-Gelado (Seite 154) oder – eines unserer absoluten Lieblingsrezepte! – das herzhafte Tomaten-Pfirsich-Sorbet mit Basilikum (Seite 147).

Aber der Sieger der Herzen war eindeutig das Verbrannter-Toast-Eis (Seite 148). Denn – und damit sind wir sicher nicht allein – es passiert uns immer wieder, dass unser Toaster sich in einen rauchspuckenden Vulkan verwandelt. Unsere Toastunfälle waren schon so legendär, dass wir unser Unternehmen ursprünglich Burnt Toast nennen wollten (Food52 hat sich schließlich doch durchgesetzt). Aber durch diese Verbrannter-Toast-Pannen haben wir immerhin entdeckt, dass es nicht notwendig ist, verbrannte Toastscheiben in den Müll wandern zu lassen – daraus lässt sich nämlich ein süchtig machendes Eis zubereiten!

Wir wünschen Ihnen ganz viel Spaß mit den zahlreichen Rezepten in diesem Buch – und dass Ihr Tiefkühlfach bald von selbst gemachtem Eis überquillt!

— Amanda Hesser & Merrill Stubbs, Gründerinnen von Food52

Einleitung

Niemand von uns hier bei Food52 ist Eisprofi, und wir haben keine professionellen Eismaschinen und Tiefkühlschränke. Wir heißen nicht Ben oder Jerry, aber wie Sie lieben wir Eis. Wir essen auch gekauftes Eis, aber wir wissen, dass selbst gemachtes Eis einfach besser ist – herrlich cremig und luftig mit intensivem Geschmack. Und das Beste: Wir können es ganz nach Lust und Laune abwandeln und verfeinern.

Auf den folgenden Seiten finden Sie natürlich zahlreiche Eisrezepte – von klassischen Varianten bis hin zu verrückten, aber dafür umso leckereren Kombinationen –, aber auch Rezepte für Sorbets, Sherbets, Semifreddo, Eis-Sandwiches, Milchshakes, Sundae und Bananensplit. Und natürlich für Gelato, Granitas, Frozen Yogurt, Cremeeis, Cremolada, Eiskuchen und Velvet. Und für Iced Milk, Coolers und Floats, Tacos, Pops und Paletas. Und für unseren heimlichen Favoriten Spoom. Und, und, und.

Wenn man bedenkt, dass Eisdesserts ohne Probleme im Voraus zubereitet werden können, dass man sie in mindestens eine Million andere Süßspeisen verwandeln kann und dass sie immer gut ankommen, da sie einfach jedem schmecken, ist die Versuchung groß, sofort die Eismaschine anzuwerfen und loszulegen. Aber Eis selbst zu machen kann auch frustrierend sein, denn die Eisherstellung ist wie das Backen eine Wissenschaft für sich. Um sich dabei richtig gut zu schlagen, kann es helfen, ein paar gute Rezepte (oder 60!) parat zu haben, und zu wissen, was man tun muss, wenn mal etwas nicht so läuft wie geplant.

Diejenigen, die die Rezepte für dieses Buch entwickelt haben, haben schon viel Eis selbst gemacht, aber sie sind keine professionellen Eisdielenbesitzer. Sie sind wie Sie und ich, lieben Eis und haben gelernt, selbst zu Hause leckeres Eis zuzubereiten. Die Eismaschinen, mit denen sie arbeiten, sind haushaltsübliche Geräte, wie sie wahrscheinlich auch bei Ihnen im Schrank stehen. Sie wissen, wie es ist, wenn über dem Wasserbad geschlagenes Eigelb wie von Zauberhand zu Rührei wird. Und sie haben ziemlich grandiose Ideen, wenn es um neue Geschmackskombinationen geht!

Etwa die Hälfte der Rezepte in diesem Buch sind beliebte Klassiker in der Food52-Community und wurden von vielen Eisfans nachgemacht und für gut befunden. Die andere Hälfte besteht aus brandneuen Kreationen der langjährigen Food52-Autorin Cristina Sciarra. Wir wussten, dass sie Autorin und Köchin ist und tagsüber auch noch einen Job in der Immobilienentwicklung hat. Aber das ist noch nicht alles! Als sie sich bereit erklärte, für dieses Buch neue Eisrezepte zu entwickeln, fanden wir heraus, dass sie neben alledem auch noch die Eisfachschule besucht hat – zum *Spaß*! Und das war sicher auch nicht ohne! (Psst: Ich habe einmal einen Blick in ihren Studienführer geworfen, das hat sich alles ziemlich zeitaufwendig angehört!) Ihre Rezepte sind einfach zuzubereiten und – was noch wichtiger ist – sie schmecken einfach immer unwiderstehlich lecker. Cristina hat einfach ein Gefühl dafür, dass Feta-Eis mit schwarzem Pfeffer (Seite 139) nicht zu verrückt ist und dass Biereis (Seite 120) das ist, was jeder Schokoladenkuchen schon immer gebraucht hat.

Aber zurück zur Theorie. Mit Cristinas Hilfe und der Unterstützung der klugen Köpfe in unserer Community haben wir jede Menge Tipps gesammelt, die – über die verschiedenen Kapitel verteilt – Antworten auf all die Fragen liefern, die Sie sich schon immer gestellt haben: von »Warum kommt Magermilchpulver ins Eis?« bis »Meine Eisbasis stockt! Was jetzt?«

Dazu kommen geniale Tipps, die auf der Serie und dem Buch *Genius Recipes* (ein New-York-Times-Bestseller!) basieren: Dafür hat Kristen Miglore Rezepte und Tipps von Profis gesammelt, die so clever sind, dass sie die Kunst des Kochens, Backens und Eismachens auf den Kopf stellen. Zusammen mit den zahlreich anderen Tipps und Tricks machen sie dieses Buch zu einem absoluten Must-have für alle Eis-Naschkatzen!

Wir hoffen, dass Sie mithilfe dieses Buches, den zahlreichen Tipps und Tricks und Anregungen wirklich leckeres Eis zubereiten werden. Aber sehen Sie die Rezepte ruhig als Grundideen, die Sie nach Lust und Laune – und vor allem Geschmack – variieren können. Denn irgendwie ist Eis wie Fahrradfahren: Wenn man einmal den Dreh raus hat – und einem bewusst wird, dass man selbst ohne Eismaschine Eis in unzähligen Geschmacksrichtungen zubereiten kann (Seite 48) –, dann kommt man irgendwann auch ganz ohne Rezepte aus!

— Ali Slagle, Redakteurin bei Food52

Grundlagen, Extras & Toppings

Abgesehen von den zahlreichen Eisrezepten finden Sie, über das ganze Buch verteilt, zahlreiche Anregungen, Rezepte und Tipps zur Eisherstellung und zum Anrichten, Verfeinern und Abwandeln Ihrer Eiskreationen. Und damit Sie nicht ewig herumblättern müssen, haben wir hier eine kleine Übersicht über die wichtigsten Infos, Tipps, Tricks und Rezepte für Varianten, Extras und Toppings zusammengestellt.

ZUTATEN 101

ZUBEREITUNG & AUFBEWAHRUNG

EXTRAS & TOPPINGS

EISGETRÄNKE

UND NOCH MEHR

Die Klassiker: Schokolade, Vanille & Co.

Klassisches Schokoladeneis

Ergibt genug Eis für 2 echte Schokoladenliebhaber | Von Barbara Reiss

355 ml Milch und 355 g Sahne, vermischt

200 g Zucker

65 g ungesüßtes Kakaopulver

½ TL Espressopulver

eine Prise Salz

3 EL Speisestärke

170 g Zartbitterschokolade, gehackt

3 EL Crème de Cacao (Schokoladenlikör) oder anderer Likör nach Wahl

1 TL Vanilleextrakt

Stellen Sie sich vor, Sie nehmen ein Bad in seidig glänzender geschmolzener Schokolade. Na ja, ganz genau diesen Schokoladentraum können wir nicht wahr werden lassen, *aber* mit diesem herrlich intensiven Schokoladeneis kommen wir dem schon ziemlich nahe.

Inspiriert von einem cleveren Tipp aus David Lebovitz' Buch *The Perfect Scoop*, verwendet Barbara hier Speisestärke anstatt Eier, um die Eisbasis anzudicken – das sorgt zudem dafür, dass die Aromen von Kakao, Schokolade und Vanille nicht von den Eiern überdeckt werden und im fertigen Eis umso besser zur Geltung kommen.

Und auch für diejenigen, die auf Schokolade verzichten können (Gibt es so jemanden?), haben wir gute Neuigkeiten: Nach demselben Prinzip – eine Milch-Sahne-Mischung wird mit Stärke angedickt und dient als Eisbasis – lassen sich unzählige Geschmacksrichtungen zubereiten. Barbara schwört zum Beispiel auf Meersalz-Karamell-Eis, aber der Fantasie sind natürlich keine Grenzen gesetzt: Wie wäre es zum Beispiel mit Toffee- oder Kürbiseis?

1. 470 ml der Milch-Sahne-Mischung, Zucker, Kakaopulver, Espressopulver und Salz in einen großen Topf geben und bei mittlerer Hitze erwärmen.

2. Speisestärke und die übrige Milch-Sahne-Mischung in eine Schüssel geben, glatt rühren und dann ebenfalls in den Topf geben. Die Mischung bei mittlerer Hitze unter ständigem Rühren etwa 5 Minuten köcheln lassen, bis sie anfängt, Bläschen zu werfen und einzudicken.

3. Den Topf vom Herd nehmen, Schokolade, Crème de Cacao und Vanilleextrakt dazugeben und verrühren, bis die Schokolade geschmolzen und die Mischung glatt ist. Die Eisbasis mit Wachspapier abdecken und im Kühlschrank mindestens 2 Stunden oder noch besser über Nacht durchkühlen lassen.

4. Die Eisbasis in die Eismaschine geben und nach Gebrauchsanleitung zu einem cremigen Eis rühren lassen.

Marys gesunde Eis-Sandwiches

Dieses Blitzrezept stammt von der Freundin von Amanda Hessers Schwiegervater, Mary French: Aus zwei Scheiben Vollkornbrot oder -toast mit einem runden Keksausstecher (7,5 cm Durchmesser) je einen Brottaler ausstechen und toasten. Einen Löffel Schokoladeneis auf einen noch warmen Brottaler geben und den zweiten Taler daraufsetzen. Voilà: ein superschnelles Eis-Sandwich, das einem Schokocroissant in nichts nachsteht. Mary ist überzeugt davon, dass die Sandwiches aufgrund des Vollkornbrots gesund sind. Wir mögen Mary.

Selbst gemachte Zuckerstreusel

Ergibt etwa 200 g | Von Michelle Lopez

225 g Puderzucker, gesiebt

1 Eiweiß (Zimmertemperatur)

¾ TL Vanille- oder anderes Extrakt nach Wahl, beispielsweise Rosenwasser oder Pfefferminzextrakt

¼ TL Salz

bis zu 3 Lebensmittelfarben nach Wahl

Eigentlich haben wir keine Ahnung, was in gekaufte Zuckerstreusel reingemischt wird, und dass sie nicht wirklich nach etwas schmecken, haben Sie sicher auch schon festgestellt. Geschmacksintensive und einfach köstliche Zuckerstreusel (die man auch pur vernaschen kann) macht man am besten selbst – und das ist auch gar nicht schwer! Und das Beste? Sie können Geschmack und Farbe der Zuckerstreusel nach Lust und Laune variieren, sodass sie zu jeder Ihrer Eiskreationen passen: von elegant (dunkle Streusel auf Schokoladeneis) bis bunt und verspielt (regenbogenbunte Streusel auf Minze-Basilikum-Eis mit Schokosplittern)!

1. Puderzucker, Eiweiß, Vanilleextrakt und Salz in einen Standmixer mit Rühreinsatz geben und auf niedrigster Stufe glatt rühren. (Alternativ können Sie auch mit einem Handrührgerät arbeiten.)

2. Die Mischung auf kleine Schüsseln aufteilen – für jede Farbe eine Schüssel. Einige Tropfen Lebensmittelfarbe in jede Schüssel geben und mit einem Spatel gut verrühren. Je nach Konsistenz der Mischung nach und nach noch mehr Lebensmittelfarbe (wenn sie zu dick ist) oder noch mehr Zucker (wenn sie zu dünn ist) dazugeben, bis die Mischung geschmeidig ist.

3. Die Mischung in Spritzbeutel mit kleinen Garniertüllen (z. B. Wilton Spritztülle Nummer 2 oder 3) geben oder in einen Zippbeutel füllen und eine Ecke abschneiden. Dann lange dünne Zuckerschnüre auf ein mit Backpapier ausgelegtes Backblech spritzen. Nach und nach die verschiedenfarbigen Mischungen verbrauchen und die Zuckerschnüre anschließend etwa 24 Stunden nicht abgedeckt an einem trockenen Ort fest werden lassen.

4. Die Zuckerschnüre schließlich mit einem Teigschaber oder einem Buttermesser in Streusel schneiden.

5. Die selbst gemachten Zuckerstreusel am besten sofort vernaschen! Luftdicht verschlossen halten sie bei Zimmertemperatur etwa einen Monat.

Zweifarbige Karamellpops

Ergibt 6–8 Pops | Von Merrill Stubbs

240 g Sahne

240 ml Milch

85 g Zartbitterschokolade, gehackt

2 EL brauner Zucker

eine großzügige Prise gemahlener Zimt

eine großzügige Prise Cayennepfeffer

85 g Milchschokolade, gehackt

ausgekratztes Mark einer halben Vanilleschote

Der beste Bissen dieser zweifarbigen Karamellpops (oder Fudgesicles) ist der genau in der Mitte – so schmeckt man einerseits das leicht scharfe Zartbitterschokoladeneis und andererseits auch das zartschmelzende Milchschokoladeneis. Das ist ein bisschen so wie zum Inneren einer Praline zu kommen, ohne die harte Schokoladenhülle essen zu müssen! Wenn von einer der beiden Eissorten etwas übrig bleiben sollte, empfiehlt Merrill, das Eis für Eiskaffee zu verwenden – oder es einfach sofort wegzulöffeln.

1. Sahne und Milch in einen Topf geben und bei mittlerer Hitze erwärmen.

2. Zartbitterschokolade, 1 EL braunen Zucker, Zimt und Cayennepfeffer in eine hitzebeständige Schüssel geben und verrühren.

3. Milchschokolade, 1 EL braunen Zucker und das Vanillemark in eine zweite hitzebeständige Schüssel geben und verrühren.

4. Sobald die Sahne-Milch-Mischung heiß ist, aber noch nicht kocht, die Mischung gleichmäßig auf die beiden Schüsseln verteilen und verrühren, bis die Schokolade geschmolzen ist und sich der Zucker aufgelöst hat.

5. Eisformen bereitstellen, zur Hälfte mit der Zartbitterschokoladenmischung füllen und anschließend 1–1½ Stunden im Tiefkühlfach gefrieren lassen. (In der Zwischenzeit die Milchschokoladenmischung abdecken und in den Kühlschrank geben.)

6. Sobald die Bitterschokoladenmischung gefroren, aber noch so weich ist, dass man einen Eisstiel hineindrücken kann, die Milchschokoladenmischung kurz durchrühren und dann gleichmäßig auf die Formen verteilen und leicht rütteln, sodass die Oberfläche glatt ist. (Sie wissen ja, was zu tun ist, wenn von der Mischung etwas übrig bleiben sollte!) In jede Eisform einen Stiel stecken und bis in die angefrorene Schicht schieben, damit er gerade bleibt. Die Karamellpops ins Tiefkühlfach geben und mehrere Stunden durchfrieren lassen.

7. Um die Eispops aus den Formen zu bekommen, die Eisformen einfach kopfüber kurz in eine Schüssel mit heißem Wasser tauchen – dann lassen sich die Eispops ganz einfach aus der Form ziehen!

Die besten Schokosplitter

Genug für 710–950 g Eis | Von Alice Medrich (leicht verändert übernommen aus *Seriously Bittersweet*)

115 g Milch- oder Zartbitterschokolade, grob gehackt

2 EL Wasser oder etwas mehr nach Geschmack (optional – für extrakaramellige Schokosplitter!)

Bei den meisten Rezepten für Eis mit Schokosplittern heißt es, man soll einfach gehackte Schokolade unter das Eis rühren – aber sogar bei hochwertiger Schokolade werden die Schokosplitter durch das Einfrieren hart und bröselig und verlieren an Geschmack. Das muss nicht sein!

Eishersteller lösen dieses Dilemma, indem sie Kokosöl zur Schokolade geben, dadurch schmilzt sie im Mund schneller, schmeckt aber leider auch weniger intensiv. Wir haben da eine bessere Lösung: Für knackige Schokosplitter, die im Mund zergehen und dann mit einer echten Schokoladengeschmacksexplosion überzeugen (und sogar im schokoladigsten Schokoladeneis nicht untergehen), die Schokolade zuerst schmelzen, dann abkühlen lassen, bis sie wieder fest ist, und erst dann hacken.

Warum? Durch das Schmelzen der Schokolade wird ihre ursprüngliche Struktur aufgebrochen und der Schmelzpunkt wird gesenkt, dadurch bleiben die Schokosplitter im Eis knackig, während sie im Mund zartschmelzend zergehen. Außerdem entwickelt die Schokolade so im Mund ihren Geschmack schneller, als das gefrorene gehackte Schokolade tut. Das hört sich alles ein bisschen kompliziert an, ist den Aufwand aber in jedem Fall wert!

So lassen sich auch leicht karamellige Schokosplitter zubereiten – dafür einfach etwas Wasser unter die geschmolzene Schokolade rühren. So einfach? Aber ja – man muss nur die Wassermenge auf den Kakaoanteil der Schokolade abstimmen. Mehr dazu unten im Rezept!

1. Die Schokolade in eine hitzebeständige Schüssel geben und bei mittlerer Hitze über dem Wasserbad schmelzen. Wenn Sie die karamellige Variante bevorzugen, 2 EL Wasser dazugeben und unterrühren. (Je höher der Kakaoanteil der Schokolade, desto mehr Wasser braucht man, damit die Schokoladen-Wasser-Mischung nicht gerinnt: etwa 2 EL Wasser für Milch- und Zartbitterschokolade mit bis zu 60 % Kakaoanteil und mindestens noch 1 EL Wasser für Schokolade mit 66 bis 72 % Kakaoanteil.) Sobald die Schokolade geschmolzen ist, einige Teelöffel warmes Wasser unterrühren, bis eine glatte, geschmeidige Mischung entsteht. Ist die Mischung bröselig, einfach etwas mehr warmes Wasser unterrühren.

2. Die Mischung vom Herd nehmen, auf ein mit Backpapier oder Alufolie ausgelegtes Backblech geben und mit einem Spatel gleichmäßig zu einer dünnen Schicht verstreichen.

3. Das Backblech ins Tiefkühlfach geben, bis die Schokolade fest geworden ist. Die gekühlte Schokolade in grobe Stückchen oder kleine Splitter hacken. Die Schokosplitter in Zippbeutel füllen und im Tiefkühlfach aufbewahren.

Die Schokosplitter schmecken besonders lecker in den folgenden Eissorten – einfach kurz vor dem Ende der Gefrierzeit in die Eismaschine geben!

Klassisches Schokoladeneis (Seite 2)

Vanilleeis Philadelphia Style (Seite 16)

Schnelles Erdnussbutter-Curry-Eis (Seite 48)

Dunkles Schokoladen-Rosmarin-Eis (Seite 99)

Horchata-Eis (Seite 108)

Verbrannter-Toast-Eis (Seite 148)

Iced Milk mit Roter Bete (Seite 153)

Avocado-Gelado (Seite 154)

Olivenöl-Kakaonibs-Gelato

Ergibt etwa 950 g | Von Amanda Hesser

150 g Zucker

175 ml Milch

eine Prise Salz

4 Eigelb

6 EL hochwertiges Olivenöl

2 EL Kakaonibs

Sie haben immer eine gute Flasche Olivenöl für besondere Anlässe im Schrank versteckt? Jetzt ist der richtige Moment gekommen! Das Olivenöl wird in eine cremige Gelatobasis gerührt, wodurch die pfeffrigen Noten des Öls eine wunderbare Süße entwickeln. Food52-Community-Mitglied Yossy Arefis gibt zum klassischen Oliveneis nach Amandas Rezept noch Kakaonibs, die sind knackig wie Schokosplitter und gleichzeitig fruchtig und bitter wie das Olivenöl – man braucht sie zwar nicht unbedingt, aber sie geben dem cremigen Gelato eine ganz besondere Note.

1. Zucker, Milch, 6 EL Wasser und Salz in einen Topf geben und gut verrühren. Die Mischung bei mittlerer Hitze unter gelegentlichem Rühren erwärmen, bis sich der Zucker aufgelöst hat. In der Zwischenzeit die Eigelbe in eine große Schüssel geben und schaumig schlagen.

2. Die Milch-Zucker-Mischung vorsichtig nach und nach unter das schaumig geschlagene Eigelb rühren. Die Mischung zurück in den Topf geben und bei mittlerer Hitze unter ständigem Rühren erhitzen, bis sie eine Temperatur von etwa 85 °C erreicht – verwenden Sie zum Messen der Temperatur am besten ein Zuckerthermometer! Achten Sie darauf, dass die Mischung nicht kocht, denn dadurch gerinnt das Eigelb und die Eisbasis ist ruiniert!

3. Die Mischung vom Herd nehmen, in eine Schüssel gießen und im Kühlschrank mindestens 4 Stunden oder noch besser über Nacht durchkühlen lassen. Sobald die Eisbasis kalt ist, das Olivenöl unterrühren – jetzt sollte sich eine cremige, glänzende Masse ergeben.

4. Die gekühlte Eisbasis in die Eismaschine geben und nach Gebrauchsanweisung zu einem cremigen Eis rühren lassen. Kurz vor Ende der Gefrierzeit die Kakaonibs dazugeben.

Eiswunder-Schokoladensauce

Diese wundervolle Schokoladensauce haben wir der ehemaligen Food52-Redakteurin Marian Ball zu verdanken: Sie wird knackig fest, wenn sie über Eis gegossen wird und zergeht zartschmelzend im Mund! Für etwa 240 ml Eiswunder-Schokoladensauce 170 g hochwertige Schokolade (Zartbitterschokolade ist noch besser!) und 110 g Kokosöl in einen mikrowellenbeständigen Behälter geben und in 30-Sekunden-Intervallen langsam schmelzen, dabei immer wieder umrühren. Die Sauce über Eis (oder in Milchshakes) träufeln – und sich über das knackige Eiswunder freuen! Die Eiswunder-Schokoladensauce bleibt bei Zimmertemperatur flüssig, ist es etwas kühler oder wird die Sauce im Kühlschrank aufbewahrt, wird sie wieder fest – bei Bedarf einfach wieder in der Mikrowelle schmelzen!

Brooklyn Blackout Cake mit Schokoladen-Semifreddo

Ergibt 6–8 Portionen | Von Suzanne DeBrango

Für den Brooklyn Blackout Cake

2 EL Butter, plus mehr für die Form

60 ml Milch

400 g Zucker, plus mehr für die Form

8 Eier (Zimmertemperatur)

95 g Mehl

40 g ungesüßtes Kakaopulver (Für einen extradunklen Kuchen stattdessen pures schwarzes Kakaopulver verwenden!)

1 TL Backpulver

1 TL Salz

1 TL Vanilleextrakt

Für das Schokoladen-Semifreddo

200 g Zartbitterschokolade (70 % Kakao), gehackt

2 TL Espressopulver

100 g Zucker

2 Eier

2 TL Vanilleextrakt

315 g Sahne

2 EL Frischkäse (Zimmertemperatur)

Der original Brooklyn Blackout Cake wurde während des Zweiten Weltkriegs in Ebinger's Bakery in Brooklyn erfunden. Warum Blackout? Während des Krieges wurde immer wieder der Strom abgestellt, auf Englisch »blackout« – und aufgrund der dunklen Zartbitterschokolade ist auch der Kuchen pechschwarz! Es gibt Gerüchte, dass es treue Fans gab, die die Bäckerei vor ihrer Schließung in den 1970ern leer kauften und diesen köstlichen Schokoschichtkuchen seitdem nur zu besonderen Anlässen genießen. Unsere Neuinterpretation des Klassikers ist aber nicht einfach nur ein Eis mit demselben Namen. Schicht um Schicht des dunklen Schokoladenbiskuits wird (anstatt mit Schokoladenpudding) mit der cremigen Semifreddo-Basis gefüllt – gekühlt ist die Füllung vergleichbar mit cremigem Eis, wird der Kuchen etwas wärmer, wird er durch das zartschmelzende Semifreddo noch saftiger.

1. Für den Brooklyn Blackout Cake den Ofen auf 175 °C vorheizen. Ein Backblech mit Backpapier auslegen, einfetten und dann mit Zucker bestreuen. Butter und Milch in eine Schüssel geben und etwa 45 Sekunden in der Mikrowelle erwärmen, bis die Butter geschmolzen ist. Zucker und Eier mit dem Handrührgerät auf mittlerer Stufe etwa 8 Minuten schlagen, bis eine zartgelbe, dicke Creme entsteht. Schließlich unter ständigem Rühren die Milch-Butter-Mischung dazugeben.

2. Mehl, Kakaopulver, Backpulver und Salz in eine Schüssel sieben und anschließend unter die Ei-Butter-Mischung heben, bis eine glatte Masse entsteht. Zum Schluss das Vanilleextrakt unterrühren.

3. Den Teig auf das vorbereitete Backblech geben und mit einem Spatel verstreichen. Den Kuchen 20–25 Minuten backen. Zur Garprobe einen Holzspieß in die Mitte des Kuchens stecken. Haftet nach dem Herausziehen kein Teig daran, ist der Kuchen gar. Den Kuchen einige Minuten abkühlen lassen, dann mit einem Messer vorsichtig vom Rand lösen, auf ein Kuchengitter stürzen, das Backpapier abziehen und den Kuchen ganz auskühlen lassen.

4. Für das Semifreddo die gehackte Schokolade und das Espressopulver in eine hitzebeständige Glas- oder Metallschüssel geben und unter Rühren über einem Wasserbad erwärmen, bis die Schokolade geschmolzen ist. Die Mischung anschließend vom Herd nehmen – das Wasserbad stehen lassen, es kommt gleich nochmal zum Einsatz!

FORTSETZUNG SIEHE NÄCHSTE SEITE

BROOKLYN BLACKOUT CAKE MIT SCHOKOLADEN-SEMIFREDDO – FORTSETZUNG

Für die Ganache

6 EL Sahne

115 g Zartbitterschokolade (70 % Kakao), in kleine Stücke gebrochen

1 EL heller Maissirup (optional)

5. Zucker, Eier und Vanilleextrakt in eine hitzebeständige Schüssel geben, gut verrühren und anschließend über dem Wasserbad erwärmen, bis sich der Zucker aufgelöst hat. Die Schüssel vom Wasserbad nehmen und die Mischung weiterschlagen, bis sie ihr Volumen verdoppelt hat und der Schneebesen sichtbare Spuren in der Mischung hinterlässt. Schließlich die geschmolzene Schokolade unterrühren und die Mischung anschließend mindestens 10 Minuten abkühlen lassen.

6. Sahne und Frischkäse in eine Schüssel geben und steif schlagen. Die geschlagene Frischkäsesahne auf zwei Mal vorsichtig unter die Schokoladenmischung heben.

7. Eine Kastenform (25 cm) mit Frischhaltefolie auslegen, dabei die Folie an den Seiten großzügig überstehen lassen.

8. Den fertigen Kuchen in drei Rechtecke, die in die vorbereitete Kastenform passen, schneiden – der übrige Kuchen wird später für die Streuselhaube zerbröselt! Einen Kuchenboden in die Form geben, die Hälfte der Schokoladen-Semifreddo-Basis darauf verteilen, dann den zweiten Kuchenboden, das übrige Semifreddo und schließlich den dritten Kuchenboden daraufgeben. Den Kuchen mit der überstehenden Frischhaltefolie bedecken – das wird später beim Servieren nochmal wichtig!

9. Kurz vor dem Servieren die Ganache zubereiten. Dafür die Sahne in einen Topf geben und bei mittlerer Hitze aufkochen lassen, dann die Schokolade und evtl. den Maissirup dazugeben und gut unterrühren. Die Mischung vom Herd nehmen, etwa 5 Minuten abkühlen lassen und dann glatt rühren. Die Ganache auf Zimmertemperatur abkühlen lassen.

10. Den übrigen Kuchenboden mit den Fingern oder in der Küchenmaschine zu feinen Streuseln zerkleinern.

11. Den Kuchen mithilfe der überstehenden Frischhaltefolie auf einen großen Teller heben, dann die Folie abziehen und beiseitegeben.

12. Den Kuchen rundherum mit einer dünnen Schicht Ganache bestreichen, darauf mit den Händen die Kuchenstreusel festdrücken und den Kuchen dann mit einer weiteren Schicht Ganache überziehen. Den fertigen Brooklyn Blackout Cake im Tiefkühlfach mindestens 2 bis 4 Stunden durchfrieren lassen (In Frischhaltefolie verpackt hält sich der Kuchen im Tiefkühlfach bis zu 2 Wochen!). Den fertigen Kuchen etwa 10 Minuten vor dem Servieren aus dem Tiefkühlfach nehmen und leicht antauen lassen.

Vanilleeis Philadelphia Style

Ergibt etwa 950 g | Von Cristina Sciarra

415 g Sahne

300 ml Milch

125 g Zucker

3 EL Magermilchpulver

1 EL brauner Rum

1 Vanilleschote, der Länge nach halbiert und das Mark herausgekratzt

1 TL Vanilleextrakt

Das Besondere an diesem Vanilleeis ist, dass es ohne Eier zubereitet wird – stattdessen wird als Basis eine Sahne-Milch-Mischung verwendet –, wodurch es viel luftiger wird als »normales« Eis. Dieses Philadelphia-Style-Vanilleeis ist also irgendwie eine himmlisch leichte Mischung aus Vanilleeis und cremiger Schlagsahne (mit einem Hauch Rum!). Der Geschmack von Vanille und Milch steht bei diesem Rezept im Vordergrund, achten Sie also darauf, nur hochwertige Produkte zu verwenden. Das fertige Eis kann direkt aus der Eismaschine serviert werden – ein oder zwei Kleckse dieser vanilligen Köstlichkeit werten jedes Stück Kuchen oder Pie auf! Das Eis sollte allerdings nur einige Tage im Tiefkühlfach aufbewahrt werden, sonst wird es hart und verliert all seine luftige Cremigkeit.

1. Sahne, Milch, Zucker, Magermilchpulver und Rum in einen Topf geben und gut verrühren. Vanillemark, -schote und -extrakt dazugeben und unterrühren. Die Mischung bei mittlerer Hitze unter Rühren erwärmen, bis sich der Zucker aufgelöst hat.

2. Die Mischung vom Herd nehmen, abkühlen lassen und dann im Kühlschrank mindestens 4 Stunden oder noch besser über Nacht durchkühlen lassen. Die gekühlte Eisbasis durch ein feines Sieb in eine Schüssel geben, die Vanilleschotehälften beiseitegeben.

3. Die Eisbasis in die Eismaschine geben und nach Gebrauchsanweisung zu einem cremigen Eis rühren lassen.

4. Das Vanilleeis schmeckt am besten direkt aus der Eismaschine gelöffelt. Alternativ kann das Eis in einem gut verschließbaren Behälter auch über Nacht eingefroren werden, dann ist es allerdings nicht mehr so schön cremig. Das Eis dann außerdem mindestens 10 Minuten vor dem Servieren aus dem Tiefkühlfach nehmen, damit es etwas antauen kann.

Weniger ist mehr

Wie bei diesem Vanilleeis kommt auch bei anderen Eissorten oft ein Schuss Alkohol oder Likör in die Eisbasis – nicht (nur) für den Geschmack, sondern weil das fertige Eis so noch cremiger wird. Alkohol senkt nämlich den Gefrierpunkt des Eises, das heißt im Tiefkühlfach wird es langsamer fest und bleibt damit supercremig. Das heißt jetzt aber trotzdem nicht, dass man in jede Eisbasis Unmengen Wein oder Rum schütten soll! 1 EL Alkohol pro 950 g Eis ist genau die richtige Menge, mehr als 2–3 EL und schon wird das Eis auch bestens gekühlt nicht fest, sondern bleibt flüssig. Manchmal ist weniger eben doch mehr – außer es geht um Schokolade!

Frisches Ricottaeis

Ergibt knapp 950 g | Von Pat Aresty

410 g frischer Ricotta

85 g Frischkäse

240 ml Milch

200 g Zucker

2 EL brauner Rum

1 TL abgeriebene Schale von 1 Bio-Zitrone

½ TL Vanilleextrakt

⅛ TL Salz

240 g Sahne

2–3 EL kandierte Zitrusschale (beispielsweise Orangen-, Zitronen- oder Zitronatschalen), gehackt

2–3 EL gehackte Pistazien

2–3 EL Zartbitterschokolade, gehackt

Als Pat Aresty in Florenz das erste Mal Ricottaeis versucht hat, hat sie das direkt in den Gelato-Himmel katapultiert – und es hat nicht lange gedauert, bis sie versucht hat, diese köstliche Eisvariante selbst zuzubereiten. Als Grundlage diente ihr ein Rezept aus dem Magazin *Gourmet*. Mit kandierten Zitrusschalen, gehackten Pistazien und Schokolade kreierte sie ein Eis, das schließlich an die Füllung eines weiteren italienischen Klassikers erinnerte: Cannoli. Mit diesem leckeren Eis gefüllte selbst gemachte Eiswaffel-Röllchen (Seite 20) könnte man genauso gut in der Vitrine einer sizilianischen Gelateria finden!

Sowohl gekaufter als auch selbst gemachter frischer Ricotta sind für dieses Rezept geeignet – und auch mit Ricotta aus Ziegenmilch schmeckt das Eis einfach köstlich. Nur bröselig oder trocken sollte der Ricotta nicht sein, denn dann wird auch das Eis nicht cremig.

1. Ricotta, Frischkäse, Milch, Zucker, Rum, Zitronenabrieb, Vanilleextrakt und Salz im Standmixer oder mit einem Pürierstab cremig aufschlagen. Die Sahne dazugeben und weitermixen, bis eine cremige Mischung entsteht.

2. Die Eisbasis in die Eismaschine geben und nach Gebrauchsanweisung zu einem cremigen Eis rühren lassen. Kurz vor Ende der Gefrierzeit die kandierten Zitrusschalen, die Pistazien und die gehackte Schokolade dazugeben.

Balsamico-Toffee-Sauce

Wenn Sie salziges Karamell (Seite 30) mögen, werden Sie diese Sauce von Liz Larkin lieben! Das Toffee hat eine überraschend herzhafte Note und statt normalem kommt brauner Zucker zum Einsatz – für noch mehr Geschmack! Für etwa 475 ml Sauce 75 g Butter, eine kräftige Prise Salz, 220 g braunen Zucker, 65 g Zucker und 160 g Sahne in einen Topf geben und bei mittlerer Hitze unter Rühren erwärmen, bis sich der Zucker aufgelöst hat. Die Mischung anschließend bei mittlerer Hitze unter ständigem Rühren etwa 5 Minuten köcheln lassen, dann vom Herd nehmen und 2 EL Balsamico-Essig unterrühren. Nach Geschmack können Sie auch etwas mehr Essig dazugeben – aber vorher unbedingt probieren! Wenn die Sauce abkühlt, wird sie fest und hält sich so im Kühlschrank bis zu zwei Wochen. Die Sauce vor dem Servieren am besten kurz in der Mikrowelle erwärmen, aber wir haben auch gute Nachrichten für alle, die nicht so lange warten können: Sie schmeckt auch kalt einfach köstlich! Die Balsamico-Toffee-Sauce schmeckt toll zu Eis, aber auch zu Banane, Kuchen, Ricotta – oder einfach pur.

Grundrezept für Eiswaffeln

Ergibt 10–12 Eiswaffeln | Von Cristina Sciarra

Öl

75 g Zucker

2 EL brauner Zucker

2 Eiweiß

3 EL Milch

3 EL geschmolzene Butter (Die Butter darf nicht mehr heiß sein!)

½ TL Vanilleextrakt

⅛ TL Salz

60 g Mehl

Gekaufte Eiswaffeln erinnern meist an Pappe. Unsere selbst gemachten Eiswaffeln hingegen schmecken süß, butterzart und ein klein wenig nach Karamell. Und man kann sie nach Lust und Laune aufpeppen: Indem man den Rand in Eiswunder-Schokoladensauce (Seite 10) taucht und mit Zuckerstreuseln (Seite 4), karamellisiertem Ingwer oder gehackten Nüssen bestreut, indem man eine dünne Schicht Eiswunder-Schokoladensauce, Karamellsauce (Seite 85) oder Balsamico-Toffee-Sauce (Seite 19) in die Waffel pinselt oder indem man gemahlenen Ingwer, Kakaopulver, Orangenabrieb oder Mohn direkt in die Waffelmasse mischt!

Die gebackenen Waffeln in die richtige Form zu bringen erfordert etwas Übung: Die dünnen, weichen Waffeln werden direkt nach dem Backen zu Tüten, Röllchen (perfekt für Cannoli!) oder Bechern geformt und da die Waffeln superknusprig werden, sobald sie abkühlen, muss das ziemlich schnell gehen. Zum Glück ist es ganz egal, wenn nicht jede Eistüte absolut gleich aussieht – man darf schließlich sehen, dass sie selbst gemacht sind!

1. Den Backofen auf 175 °C vorheizen. Ein Backblech mit Backpapier oder einer Silikonmatte auslegen und mit etwas Öl bepinseln.

2. Zucker, braunen Zucker und die Eiweiße in eine große Schüssel geben und verrühren. Milch, Butter, Vanilleextrakt und Salz und zuletzt das Mehl hinzufügen und alles zu einer geschmeidigen Masse verrühren. (Luftdicht verschlossen hält sich die Waffelmasse im Kühlschrank bis zu 3 Tage. Die Masse 10 Minuten vor der Weiterverarbeitung aus dem Kühlschrank nehmen.)

3. Für Waffelbecher oder -röllchen etwas Waffelmasse auf dem vorbereiteten Backblech ausstreichen und mit einem kleinen Kuchenspatel zu einem Kreis (etwa 15 cm Durchmesser) ausstreichen, für klassische Eistüten brauchen wir Halbkreise. Die Waffeln 8–10 Minuten goldbraun backen.

4. Die Waffeln aus dem Ofen nehmen und sofort heiß mit den Händen (Gummihandschuhe schützen die Finger!) und einer Küchenzange zügig in die gewünschte Form bringen: Die Waffeln für Becher in mit Öl bepinselte Muffinförmchen drücken, für Röllchen vorsichtig zu dicken Zylindern rollen und für klassische Eistüten die gerade Kante mit beiden Händen greifen und die Waffel zu einem Kegel falten. (Wenn die Waffeln sich nicht mehr gut formen lassen, geben Sie sie einfach nochmals 30–60 Sekunden in den warmen Backofen.) Nach und nach die übrigen Waffeln backen und formen.

5. Die Waffeln vor dem Befüllen mit Eis gut auskühlen lassen. Am besten schmecken selbstgemachte Waffeln ganz frisch, luftdicht verschlossen halten sie sich bei Zimmertemperatur bis zu 2 Tage.

VENEX
NEW BAKING METAL
PAT. NO. 2,077,757

Malz-Vanilleeis mit Schokobrezeln

Ergibt großzügige 950 g | Von Emily Vikre

Für die Schokobrezeln

225 g Zartbitterschokolade, fein gehackt

1 EL Butter (Zimmertemperatur)

40 g Salzbrezeln (oder Salzstangen)

Für das Malz-Vanilleeis

415 g Sahne

300 ml Milch

100 g Zucker

80 ml heller Maissirup

¼ TL Salz

6 Eigelb, leicht verquirlt

95 g Malzmilchpulver (z. B. Ovomaltine)

1 TL Vanilleextrakt

Stellen Sie sich ein richtig altes Süßwarengeschäft vor – so eines, in dem die Leckereien in großen Gläsern darauf warten, ihren Weg in erwartungsvolle Kindermünder zu finden. Malzbonbons, Schokolade, Salzbrezeln. Und jetzt packen Sie all das in ein köstliches Vanilleeis!

Der Hauch Nostalgie, der dieses Eis umgibt, macht es zu etwas ganz Besonderem: ein herrlich malzig-karamelliges Eisvergnügen mit knusprigen, mit Schokolade überzogenen Salzbrezeln. Tolles Extra: Die Schokoladenschicht sorgt dafür, dass die Salzbrezeln im Eis nicht matschig werden, sondern herrlich knusprig bleiben – und natürlich superlecker schmecken!

1. Für die Schokobrezeln ein Backblech mit Backpapier auslegen. Die Schokolade in 30-Sekunden-Intervallen in der Mikrowelle schmelzen, dabei immer wieder umrühren. Schließlich die Butter unterrühren, bis eine geschmeidige Mischung entsteht.

2. Die Salzbrezeln in kleine Stücke brechen, in die Schokoladen-Butter-Mischung geben und gut verrühren, bis die Stücke vollständig mit Schokolade überzogen sind. Die Schokobrezeln mit einer Gabel vorsichtig aus der Schokoladen-Butter-Mischung nehmen und zum Trocknen auf dem vorbereiteten Backblech verteilen. Die Schokobrezeln 20–30 Minuten kalt stellen, bis die Schokolade fest geworden ist. Luftdicht verschlossen halten sich die fertigen Schokobrezeln bei Zimmertemperatur etwa eine Woche.

3. Für das Eis Sahne, Milch, 50 g Zucker, Maissirup und Salz in einen Topf geben und gut verrühren. Die Mischung bei mittlerer Hitze einmal aufkochen lassen, dann die Hitze reduzieren. In der Zwischenzeit Eigelbe, Malzmilchpulver und den übrigen Zucker in eine mittelgroße Schüssel geben und schaumig schlagen.

4. Einige Löffel warme Sahne-Milch-Mischung zur Eigelb-Zucker-Mischung geben und kräftig verrühren. Die Mischung anschließend in den Topf mit der übrigen Sahne-Milch-Mischung geben und alles gut verrühren.

5. Die Mischung bei mittlerer Hitze unter ständigem Rühren köcheln lassen, bis sie leicht eindickt und cremig wird. Die Mischung durch ein feines Sieb in eine große Schüssel streichen und das Vanilleextrakt unterrühren. Die Eisbasis im Kühlschrank mindestens 4 Stunden oder noch besser über Nacht durchkühlen lassen.

6. Die abgekühlte Eisbasis in die Eismaschine geben und nach Gebrauchsanweisung zu einem cremigen Eis rühren lassen. Kurz vor Ende der Gefrierzeit die Schokobrezeln dazugeben.

Marshmallow-Eis mit S'mores-Chunks

Ergibt etwa 950 g | Von Phyllis Grant

Für die S'mores-Chunks

12 Vollkorn-Butterkekse

100 g Mini-Marshmallows

285 g Zartbitterschokolade, in grobe Stücke zerbrochen oder gehackt

Für das Marshmallow-Eis

355 ml halb Sahne, halb Milch

4 Eigelb

¼ TL Salz

100 g Mini-Marshmallows

355 g Sahne

Als Phyllis dieses Rezept entwickelte, experimentierte sie mit in brauner Butter gerösteten Keksstückchen, um eine etwas elegantere Version zu kreieren. Aber alle, die das Eis probierten, waren sich einig: Das klebrig-süße Marshmallow-Eis soll gar nicht elegant sein, sondern einfach nur klebrig und süß! Das Ergebnis hat es in sich: Süßes Marshmallow-Eis trifft auf Schokoladen-Marshmallow-Keks-Chunks – die Inspiration dafür war übrigens der beliebte amerikanische Lagerfeuer-Snack S'more!

1. Für die S'mores-Chunks den Backofen auf höchster Grillstufe vorheizen und ein Backblech mit Backpapier auslegen. 6 Vollkorn-Butterkekse in zwei Reihen dicht an dicht auf das Backblech legen und die Mini-Marshmallows gleichmäßig darauf verteilen. Die Marshmallows gleichmäßig goldbraun grillen, dabei das Blech hin und wieder umdrehen.

2. Die übrigen Kekse auf den gegrillten Marshmallows verteilen – sozusagen ein Riesen-Marshmallow-Sandwich!

3. Die Schokolade in der Mikrowelle in 30-Sekunden-Intervallen schmelzen, dabei immer wieder umrühren.

4. Die geschmolzene Schokolade auf dem Marshmallow-Sandwich verteilen und dann kalt stellen, bis die Schokolade fest geworden ist.

5. Das mit Schokolade überzogene Marshmallow-Sandwich schließlich in mundgerechte Stücke schneiden – die S'mores-Chunks geben dem süßen Marshmallow-Eis eine tolle Konsistenz und jede Menge Extrageschmack. Die Chunks in einen Zippbeutel oder einen Plastikbehälter geben und im Tiefkühlfach aufbewahren.

6. Für das Eis einige Hände voll Eiswürfel in eine große Schüssel geben (später kommt noch Wasser dazu), eine kleine Schüssel auf die Eiswürfel setzen und in diese ein feines Sieb geben.

7. Die Sahne-Milch-Mischung, die Eigelbe und das Salz in eine Schüssel geben und verrühren.

8. Den Backofen auf höchster Grillstufe vorheizen. Die Marshmallows in einen backofenfesten Topf geben und etwa 2 Minuten grillen, bis sie goldbraun sind.

FORTSETZUNG SIEHE NÄCHSTE SEITE

9. Den Topf aus dem Backofen nehmen und auf den Herd stellen. Die Sahne über die Marshmallows gießen und unter ständigem Rühren bei mittlerer Hitze zum Köcheln bringen. Die heiße Marshmallow-Sahne-Mischung zur Sahne-Milch-Eigelb-Mischung geben und vorsichtig unterrühren, dann wieder in den Topf geben und unter ständigem Rühren (am besten mit einem Holzkochlöffel) köcheln lassen, bis die Mischung eindickt und eine mit dem Finger auf dem Löffelrücken gezogene Linie nicht mehr verläuft.

10. Die Eisbasis durch das Sieb in die kleine Schüssel streichen. Die Schüssel mit den Eiswürfeln mit Wasser auffüllen und die Eisbasis unter Rühren über dem Eiswasserbad abkühlen lassen. Die abgekühlte Basis abgedeckt im Kühlschrank über Nacht durchkühlen lassen.

11. Die gekühlte Eisbasis in die Eismaschine geben und nach Gebrauchsanweisung zu einem cremigen Eis rühren lassen. Das fertige Eis in einen Behälter füllen und etwa 190 g S'mores-Chunks unterrühren. Das Eis einige Stunden oder noch besser über Nacht im Tiefkühlfach frieren lassen. Und dann reinhauen!

Gekauft – und aufgepeppt!

Die S'mores-Chunks sind so gut, dass man sie eigentlich verkaufen könnte und sicher ein Vermögen damit machen würde. Und mit ihnen lässt sich langweiliges gekauftes Vanilleeis aufpeppen: Das gekaufte Eis aus dem Tiefkühlfach nehmen und etwas antauen lassen, dann eine ordentliche Portion S'mores-Chunks dazugeben und unterrühren. Fertig ist eine köstliche Eiskreation, der man kaum mehr anmerkt, dass das Eis nicht selbst gemacht ist!

Schokoladen-Tacos

Ergibt 6–8 Tacos | Von Molly Yeh

Für die Tacos

85 g Mehl

100 g Zucker

⅛ TL Salz

2 EL geschmolzene Butter, plus etwas mehr zum Einfetten

60 ml Milch

¼ TL Mandelextrakt

½ TL Vanilleextrakt

2 Eiweiß

Füllungen und Toppings

285 g Zartbitterschokoladenraspel

3 EL Kokosöl

950–1400 g Eis nach Wahl (besonders lecker: Vanilleeis mit einem Hauch Karamell – wie etwa auf Seite 30!)

60 g gehackte Nüsse

Und alles, was Sie sich sonst noch als Topping vorstellen können!

Diese süße Taco-Version lässt sich ganz nach Lust und Laune variieren: Löffeln Sie Ihre Lieblingseissorten in die weichen Tacos (Um sie zu formen, wird der gebackene Teig über einen Buchrücken gelegt. Aber bitte nicht dieses hier verwenden!) und werden Sie kreativ – von Schokoladensauce, Nüssen, Zuckerstreuseln (Seite 4) und Krokant (Seite 50) bis hin zu Gummibärchen eignet sich eigentlich fast alles als Topping.

Die Tacos sind eine Mischung aus Crêpes und weichen Tortillas – und irgendwie das Beste an diesem Dessert. Sie lassen sich problemlos am Vortag zubereiten und können dann frisch (von Ihren Gästen zum Beispiel) gefüllt werden, oder Sie bereiten die Tacos gefüllt vor und bewahren Sie bis zum Verzehr im Tiefkühlfach auf.

1. Für die Tacos 6–8 Hardcover-Bücher mit einer Dicke von jeweils etwa 2,5 cm in Backpapier einschlagen und mit dem Rücken nach oben mit etwas Abstand zueinander aufstellen – das sind die Formen für die Tacos.

2. Mehl, Zucker und Salz in eine Schüssel geben und vermischen. Butter, Milch, 1 EL Wasser und Mandel- und Vanilleextrakt in eine zweite Schüssel geben und verrühren, anschließend die Eiweiße unterrühren. Die Mischung zur Mehl-Zucker-Mischung geben und alles gut verrühren.

3. Eine beschichtete Pfanne bei mittlerer Hitze warm werden lassen, etwas Butter und dann etwa 2½ EL Teig hineingeben. Den Teig mit dem Löffelrücken oder einem Kuchenspatel zu einem gleichmäßigen Kreis ausstreichen und 3–5 Minuten goldbraun backen, dann wenden und weitere 1–2 Minuten backen. Den fertigen Taco mit einem Spatel vorsichtig aus der Pfanne heben, mittig auf den ersten Buchrücken legen und abkühlen lassen. Ebenso mit dem übrigen Teig verfahren, dabei immer wieder etwas Butter in die Pfanne geben.

4. Die Schokoladenraspel und das Kokosöl in eine Schüssel geben und in der Mikrowelle in 30-Sekunden-Intervallen schmelzen, dabei immer wieder umrühren. Die Schokoladensauce leicht abkühlen lassen.

5. Die Tacos mit Eis füllen, mit der Schokoladensauce beträufeln, mit gehackten Nüssen bestreuen und genießen! Die fertigen Tacos nach Wunsch für ein paar Minuten ins Tiefkühlfach geben, bis die Schokoladensauce fest geworden ist. In Frischhaltefolie eingeschlagen halten sich die Tacos im Tiefkühlfach bis zu 2 Monate.

Salzkaramell-Milchshakes

Ergibt etwa 950 g Eis – und damit viele, viele köstliche Milchshakes | Von Amanda Hesser

250 g Zucker

2 TL heller Maissirup

475 g Sahne

475 ml Milch, plus Milch für die einzelnen Milchshakes

10 Eigelb

½ TL Fleur de Sel

Mithilfe dieses Rezepts verwandelt sich salziges Karamelleis in einen köstlichen Milchshake, der weder flüssig noch fest, sondern irgendwie »knackig« ist – so hat es Amanda zumindest ihren Kindern erklärt, als sie dieses Rezept zum ersten Mal mit ihnen zubereitet hat. Milchshakes lassen sich auch problemlos mit gekauftem Eis zubereiten, aber in diesem speziellen Fall lohnt es sich wirklich, das Karamelleis (inspiriert von dem Karamelleis, das man im New Yorker Restaurant *Eleven Madison Park* bestellen kann) selbst zu machen. Es schmeckt intensiv nach Karamell, eine Geschmacksnote, die man nur erhält, wenn man das Karamell eine Spur länger auf dem Herd lässt, als man es eigentlich tun würde. Das salzige Karamelleis schmeckt natürlich auch pur – einfach mit etwas Fleur de Sel bestreuen und servieren!

1. 150 g Zucker und den Maissirup in eine schwere Pfanne geben und ohne Umrühren bei mittlerer bis hoher Hitze etwa 5 Minuten erwärmen, bis der Zucker braun wird. Anschließend unter Rühren die Sahne dazugeben, dabei mit einem Löffel das Karamell vom Pfannenboden lösen, damit sich alles gut vermischt. Unter stetigem Rühren schließlich die Milch dazugeben, jetzt sollte die Mischung langsam beginnen, etwas fester zu werden. Das fertige Karamell einmal aufkochen und dann unter Rühren köcheln lassen, bis es wieder flüssig und samtig glatt ist.

2. Den übrigen Zucker, die Eigelbe und das Fleur de Sel in eine Schüssel geben und gut verrühren. Einen Löffel Karamell dazugeben und gut unterrühren, dann die Mischung in die Pfanne mit dem übrigen Karamell geben und gut verrühren. Die Mischung durch ein feines Sieb in eine Schüssel streichen und – wenn möglich über Nacht – im Kühlschrank durchkühlen lassen.

3. Die gekühlte Eisbasis in die Eismaschine geben und nach Gebrauchsanweisung zu einem cremigen Eis rühren lassen.

4. Für die Milchshakes je einen großen Löffel Salzkaramelleis in einen Standmixer geben, mit Milch auffüllen, sodass das Eis fast bedeckt ist (Etwa 120–240 ml Milch sollten reichen!), kurz mixen – und fertig!

Erwachsenenversion (Sorry, nichts für Kinder!)

Für eine Erwachsenenversion des Milchshakes vor dem Mixen etwa 60–120 ml weniger Milch und dafür 60 ml (oder mehr!) Whiskey oder Rum in den Standmixer geben.

Grundrezept für Milchshakes

Bei Milchshakes kann man eigentlich nichts falsch machen, versprochen! Wenn das Verhältnis von Milch zu Eis nicht ganz stimmt, einfach mehr Eis oder Milch dazugeben, bis die gewünschte Konsistenz erreicht ist. Das Schlimmste, was passieren kann, ist, dass der Milchshake anders schmeckt als erwartet – und was kann es Besseres geben! Hier ist unsere ultimative Anleitung für grandiose Milchshakes, die ganz sicher immer gelingen.

1. Alles, was Sie zunächst brauchen, ist ein Standmixer. Dann gilt es, die Frage zu beantworten, ob Sie lieber eiskalt-erfrischende oder milchig-cremige Milchshakes bevorzugen. Ist Ersteres der Fall, einfach eine Handvoll Eiswürfel in den Mixer geben und zu Crushed Ice zerkleinern. Für eine cremige Milchshake-Version das verwendete Eis einige Minuten antauen lassen, bevor Sie es in den Mixer geben, und keine Eiswürfel verwenden.

2. Einige Löffel Eis (ein bis zwei Löffel pro Person) in den Mixer geben. Beim Eis sind Ihrer Fantasie keine Grenzen gesetzt (es kann auch gekauft sein), aber verwenden Sie unbedingt nur qualitativ hochwertige Eiscreme, da das Eis nicht nur den Geschmack, sondern auch die Konsistenz des Milchshakes bestimmt. Für Milchshakes eignen sich neben klassischem Eis übrigens auch Sorbets und Frozen Yogurt.

3. Jetzt kommen wir zur wichtigsten Milchshake-Zutat – der Milch! Geeignet ist Vollmilch, fettarme Milch und sogar laktosefreie Milch. Der einzige Unterschied? Je mehr Fett die Milch enthält, desto cremiger der Shake! Einen Schuss Milch in den Mixer geben und mixen. Jetzt kommt es auf Ihren Geschmack an: Ist Ihnen der Shake noch zu dick, geben Sie einfach etwas mehr Milch dazu, ist er Ihnen zu flüssig, geben Sie etwas mehr Eis dazu – so einfach ist das!

4. Und jetzt zum spannenden Teil: den Extras! Mit ihnen lassen sich neue spannende Geschmackskombinationen erzeugen, ganz egal, welches Eis Sie verwenden. Links haben wir Ihnen eine Übersicht über einige unserer Lieblingsextras zusammengestellt, aber wie so oft gilt auch hier: Experimentieren ausdrücklich erwünscht! Die Extras können entweder gleich zusammen mit der Milch in den Milchshake gemixt werden, oder Sie geben einen Teil erst später dazu – so geben die Extras dem Shake Textur.

5. Alle Zutaten einige Sekunden cremig mixen.

6. Die fertigen Milchshakes mit Schlagsahne oder anderen Toppings und mit einem dicken Strohhalm – und wer mag mit einem großen Löffel – servieren.

Extras

Schokoladen- oder Erdbeersirup oder Vanilleextrakt

Ahornsirup, gemahlene Espressobohnen, Malzmilchpulver

ein oder zwei Löffel gesüßte Kondensmilch, Mandelbutter, Tahin oder Schokoladen-Haselnuss-Aufstrich

gefrorene Früchte

Kekse, beispielsweise Vollkorn-Butterkekse

Lieblingsschokoriegel, in Stücke gebrochen

Alkohol nach Geschmack

Cracker-Brownie-Sandwiches

Ergibt etwa 16 Eis-Sandwiches | Von Mandy Lee

Für die Cracker

50–60 Cracker

2 EL Butter, geschmolzen

Für die Brownies

Öl

85 g Zartbitterschokoladenraspel

110 g Butter, in Flöckchen

100 g Zucker

110 g brauner Zucker

2 Eier

1½ EL gemahlene Espressobohnen

1 TL Vanilleextrakt

85 g Mehl

2 EL ungesüßtes Kakaopulver

½ TL Meersalz

Für das ohne Eismaschine zubereitete Eis

240 g gesüßte Kondensmilch

1½ TL Vanilleextrakt

1½ EL brauner Rum

315 g Sahne

Eigentlich kann man bei Eis-Sandwiches kaum etwas falsch machen – nur zu süß sollten sie nicht sein. Aber bei dieser Version mit Crackern kommt es erst gar nicht so weit: Die salzige Note der Cracker ist der perfekte Gegenpol zu dem cremigen Eis, für das man nicht einmal eine Eismaschine braucht (nach einem Rezept von Martha Stewart in *Everyday Food*), und der herrlich karamelligen Brownie-Schicht. Eis, Brownie und Cracker? Klingt nach einer mehr als köstlichen Kombination!

1. Eine rechteckige Backform (23 × 23 cm) mit Crackern auslegen. Die benötigte Menge an Crackern abzählen und noch einmal so viele bereitstellen. Die Cracker anschließend von beiden Seiten mit Butter bepinseln und beiseitestellen.

2. Für die Brownies den Backofen auf 175 °C vorheizen und einen Ofenrost in die mittlere Schiene schieben. Die Backform mit Öl bepinseln und dann mit Backpapier auslegen, sodass auch die Seiten der Form bedeckt sind. Ein Backblech mit Backpapier auslegen.

3. Schokoladenraspel und Butter in eine große Schüssel geben und in der Mikrowelle in 30-Sekunden-Intervallen schmelzen, dabei immer wieder umrühren. Zucker, braunen Zucker, Eier, Espressopulver und Vanilleextrakt dazugeben und alles zu einer luftigen Mischung verrühren. Anschließend Mehl, Kakaopulver und Salz vermischen, in die Schüssel sieben und dann vorsichtig unterheben, bis eine glatte Masse entsteht.

4. Die Browniemasse in die vorbereitete Form gießen und mit einem Löffel gleichmäßig verstreichen. Die Hälfte der Cracker auf der Masse verteilen. Die Cracker sollten die Masse komplett bedecken, falls nötig, können Sie Cracker mit einem scharfen Messer halbieren. Die übrigen Cracker auf dem vorbereiteten Backblech verteilen.

5. Die Backform auf den mittleren Ofenrost und das Backblech mit den Crackern auf der untersten Schiene in den Backofen geben und etwa 25 Minuten backen. Zur Garprobe einen Holzspieß in die Mitte der Brownies stecken. Die Brownies sind genau richtig, wenn noch etwas feuchte Browniemasse am Spieß kleben bleibt. Die Brownies und die Cracker aus dem Backofen nehmen.

FORTSETZUNG SIEHE NÄCHSTE SEITE

6. Die Brownies etwa 10 Minuten abkühlen lassen und dann 30 Minuten im Tiefkühlfach durchkühlen lassen. Achten Sie darauf, dass die Brownies wirklich komplett ausgekühlt sind, bevor Sie fortfahren! (In Frischhaltefolie eingeschlagen halten die Brownies im Tiefkühlfach übrigens bis zu einer Woche.)

7. Die Brownieform aus dem Tiefkühlfach nehmen, mit einer Schicht Backpapier bedecken und stürzen. Das jetzt oben liegende Backpapier vorsichtig abziehen und die Brownies wieder zurück in die Form heben, sodass die Cracker unten liegen. Merken Sie sich, wo Sie halbierte Cracker verwendet haben, damit Sie später die übrigen Cracker genauso auf dem Eis verteilen können. Die Brownies nochmals ins Tiefkühlfach geben.

8. Für das Eis Kondensmilch, Vanilleextrakt und Rum in eine kleine Schüssel geben und verrühren.

9. Die Sahne im Standmixer mit dem Rühreinsatz auf mittlerer Stufe etwa 3 Minuten steif schlagen. (Alternativ können Sie auch mit einem Handrührgerät arbeiten.) Die Kondensmilchmischung vorsichtig unter die geschlagene Sahne heben.

10. Die fertige Eisbasis anschließend in die Brownieform geben und mit einem Löffel gleichmäßig verteilen. Die übrigen Cracker auf dem Eis verteilen – dabei sollten die Cracker genau an den gleichen Stellen platziert werden wie bei der unteren Cracker-Schicht, damit man später die Sandwiches schneiden kann. Die Form nochmals mindestens 8 Stunden oder noch besser über Nacht ins Tiefkühlfach geben.

11. Die Cracker-Eis-Brownies entlang der Cracker in kleine Sandwiches schneiden und einzeln in Frischhaltefolie einschlagen – so halten die fertigen Sandwiches im Tiefkühlfach bis zu 2 Wochen.

Die Nussigen

Pekannusseis mit brauner Butter

Ergibt etwa 950 g | Von Mrs. Mehitabel

225 g gesalzene Butter

1½ EL Tapioka- oder Speisestärke

475 ml Milch

120 g Sahne

150 g brauner Zucker

2 EL Tapioka- oder heller Maissirup

2 EL Sauerrahm

50–100 g geröstete Pekannüsse

Als Mrs. Mehitabel dieses eifreie Eis zum ersten Mal zubereitete, verpassten sie und ihr Mann vor lauter Schlemmen eine Verabredung mit Freunden. Also sagen Sie nicht, wir hätten Sie nicht gewarnt: Nussige braune Butter, brauner Zucker, Sauerrahm und knackige Pekannüsse lassen einen die Welt um sich herum vollkommen vergessen!

1. Für die braune Butter die Butter bei mittlerer Hitze in einem weiten Topf zum Kochen bringen und dann köcheln lassen, bis sie kräftig braun (aber nicht verbrannt!) ist. Den Topf vom Herd nehmen, kurz abkühlen lassen und dann die geklärte Butter abgießen – im Topf zurück bleibt die braune Butter. Die geklärte Butter beiseitestellen und anderweitig verwenden.

2. Tapiokastärke und 2 EL Milch in eine kleine Schüssel geben und glatt rühren.

3. Die übrige Milch, die Sahne, den braunen Zucker und den Tapiokasirup zur braunen Butter geben. Die Mischung erhitzen und unter ständigem Rühren etwa 4 Minuten lang köcheln lassen. Die Stärke-Milch-Mischung unterrühren, die Hitze reduzieren und die Mischung noch 1 Minute köcheln lassen, bis sich die Stärke komplett aufgelöst hat. Die Mischung vom Herd nehmen und schließlich den Sauerrahm unterrühren.

4. Die Eisbasis abkühlen lassen und dann im Kühlschrank mindestens 4 Stunden oder noch besser über Nacht durchkühlen lassen. Keine Sorge, wenn die Mischung zunächst etwas körnig aussieht – so ist sie genau richtig!

5. Die gekühlte Eisbasis in die Eismaschine geben und nach Gebrauchsanweisung zu einem cremigen Eis rühren lassen.

6. Das Eis in einen Behälter füllen und die Pekannüsse unterrühren. Das fertige Eis bis zum Servieren im Tiefkühlfach aufbewahren.

Erdnussbuttereis mit Traubensauce

Ergibt etwa 1400 g | Von Lisa Canducci Bailey

Für die Traubensauce

900 g kernlose Trauben (z. B. Concord)

2 EL Turbinado-Zucker oder Rohrzucker

Saft von 1 Zitrone

eine Prise Meersalz

Für das Erdnussbuttereis

250 g weiche Erdnussbutter (Im Glas rühren, bis die Erdnussbutter glatt und geschmeidig ist!)

240 ml Milch

100 g Turbinado-Zucker oder Rohrzucker

1 EL Honig

½ Vanilleschote

475 g Sahne

Dieses Eis ist eine Variante des klassischen amerikanischen Erdnussbuttersandwiches mit Traubengelee – und Sie werden verstehen, warum diese Geschmackskombination in Amerika so beliebt ist! Die Autorin hat uns wissen lassen, dass das Eis ihrer Meinung nach besonders lecker wird, wenn man zerdrückte Bananen und Schokoladenraspel unter die Eisbasis mischt. Und wenn es einmal schnell gehen muss, können Sie anstatt der selbst gemachten Traubensauce auch einige Löffel Traubengelee direkt ins Eis rühren. Oder Sie versuchen es mit einem Swirl aus scharfem Honig (siehe unten). Egal, für welche Version Sie sich entscheiden: Sie werden begeistert sein!

1. Für die Traubensauce Trauben, 60 ml Wasser, Zucker, Zitronensaft und Salz in einen Topf geben und halb abgedeckt etwa 15 Minuten köcheln lassen.

2. Den Deckel vom Topf nehmen, die Hitze reduzieren und die Sauce weitere 10 Minuten köcheln lassen, bis sie leicht eindickt.

3. Die Sauce durch ein feines Sieb in eine Schüssel streichen und etwa 20 Minuten im Kühlschrank abkühlen lassen.

4. Für das Eis Erdnussbutter, Milch, Zucker und Honig in eine große Schüssel geben und glatt rühren. Das Vanillemark auskratzen, zusammen mit der Sahne in die Schüssel geben und gut verrühren. Die Eisbasis im Kühlschrank mindestens 1 Stunde oder noch besser über Nacht durchkühlen lassen.

5. Die gekühlte Eisbasis in die Eismaschine geben und nach Gebrauchsanweisung zu einem cremigen Eis rühren lassen.

6. Das fertige Eis am besten sofort servieren, dann erinnert es von der Konsistenz her an Softeis. Wenn man es nochmals ins Tiefkühlfach gibt, kann es sein, dass es seine cremige Konsistenz verliert.

Scharfer Honig

Wenn Sie nicht gerade das Glück haben, an *Mike's Hot Honey* aus New York zu kommen, keine Sorge – der süß-scharfe Honig (oder scharfer Rosmarinhonig oder scharfer Zitronenhonig) ist im Handumdrehen selbst hergestellt. 2–4 halbierte Chilischoten und andere Geschmacksgeber nach Wahl (Rosmarin, Zitronenschale oder, oder, oder) in ein Glas mit Schraubverschluss geben. 170 g milden Honig dazugeben, umrühren, nochmals 170 g Honig dazugeben und dann fest verschlossen 1–2 Wochen ziehen lassen – je länger der Honig zieht, desto intensiver und schärfer wird er. Den Honig durch ein feines Sieb streichen und in einem Glas mit Schraubverschluss aufbewahren. Perfekt zu Eis, als Marinade für saftige Chicken Wings, Pizza oder herzhafte Pies. Aber Achtung: Suchtgefahr!

Scharfes Honigeis mit karamellisierten Walnüssen

Ergibt etwa 950 g | Von Cristina Sciarra

100 g schwarze Walnüsse

2 EL Butter, geschmolzen

2 EL scharfer Honig

475 g Sahne

240 ml Milch

35 g Magermilchpulver

150 g Zucker

4 Eigelb

Die Kombination aus scharfem Honig, cremigem Milcheis und süßen knackigen Walnüssen ist einfach unwiderstehlich – und aufgrund der warmen Aromen ein tolles Eis für den Herbst. Die Hälfte der in geschmolzener Butter und scharfem Honig (Seite 41) karamellisierten schwarzen Walnüssen (die etwas kräftiger schmecken als normale Walnüsse) werden direkt in die Eisbasis gemixt und machen sie leicht pfeffrig, der Rest wird ganz zum Schluss in das fertige Eis gerührt – als knuspriger Nussswirl! Anstatt schwarze eignen sich auch normale Walnüsse oder sogar Pekannüsse, aber mit schwarzen Walnüssen schmeckt es ganz eindeutig am besten!

1. Den Backofen auf 175 °C vorheizen. Die Walnüsse auf ein mit Backpapier ausgelegtes Backblech geben, die geschmolzene Butter und den Honig dazugeben und alles gut vermischen, bis die Walnüsse rundherum mit Butter und Honig bedeckt sind. Die Walnüsse etwa 8 Minuten backen – lassen Sie sie dabei nicht aus den Augen, damit sie nicht verbrennen! Die karamellisierten Walnüsse abkühlen lassen, grob hacken und beiseitestellen.

2. Sahne, Milch, Magermilchpulver und 100 g Zucker in einen Topf geben und gut verrühren. Die Mischung bei mittlerer Hitze einmal aufkochen lassen und dann vom Herd nehmen.

3. Die Eigelbe und den übrigen Zucker in eine Schüssel geben und etwa 1 Minute lang schaumig schlagen. Dann nach und nach die Sahne-Milch-Mischung dazugeben und gut verrühren.

4. Die Mischung zurück in den Topf geben und bei mittlerer Hitze unter gelegentlichem Rühren köcheln lassen, bis sie leicht eindickt.

5. Die Hälfte der karamellisierten Walnüsse zusammen mit der Eisbasis im Standmixer etwa 1 Minute pürieren. Die Eisbasis etwa 30 Minuten abkühlen lassen und dann durch ein feines Sieb in eine Schüssel streichen. Die Eisbasis anschließend mindestens 5 Stunden oder noch besser über Nacht im Kühlschrank durchkühlen lassen.

6. Die gekühlte Eisbasis in die Eismaschine geben und nach Gebrauchsanweisung zu einem cremigen Eis rühren lassen. Kurz vor Ende der Gefrierzeit die übrigen gehackten karamellisierten Walnüsse dazugeben.

Halva-Paletas

Ergibt 10 Paletas | Von Cristina Sciarra

340 g Halva

475 ml ungesüßte Mandelmilch

170 g Honig

60 g weiches Tahin (Im Glas rühren, bis es glatt und geschmeidig ist!)

1 TL Vanilleextrakt

1 TL Mandelextrakt

1 TL gemahlener Zimt

Sie sind auf der Suche nach einem cremigen Eis am Stiel? Dann sind Sie hier leider nicht ganz richtig – blättern Sie zurück auf Seite 7! Die Eisbasis für diese Paletas (die mexikanische Variante des Eis am Stiel) besteht nämlich hauptsächlich aus Mandelmilch, dadurch werden die Paletas herrlich luftig und leicht – und erinnern vom Geschmack her an Horchata, einen in Spanien, Mexiko und Ecuador beliebten Erdmandeldrink. Das buttrige Halva gibt den Paletas einen zusätzlichen Geschmackskick. Echte Naschkatzen beträufeln die fertigen Paletas anschließend noch mit Eiswunder-Schokoladensauce (Seite 10) und bestreuen sie dann mit Sesam – das macht auch optisch wirklich etwas her! Unser ganz persönlicher Geheimtipp: Die Mandelmilch-Halva-Eisbasis in Gläser füllen und mit Strohhalm servieren – perfekt für heiße Sommertage!

1. 115 g Halva, Mandelmilch, Honig, Tahin, Vanille- und Mandelextrakt und Zimt in einen Standmixer geben und etwa 2 Minuten cremig mixen.

2. Die übrigen 225 g Halva grob hacken, gleichmäßig auf Eisformen verteilen und anschließend mit Mandelmilch-Halva-Eisbasis auffüllen.

3. Die Paletas vor dem Servieren mindestens 5 Stunden im Tiefkühlfach frieren lassen.

Genialer Tipp: Erste Hilfe bei Kältekopfschmerzen

Unsere Eisbibel *Ice Creams, Sorbets & Gelati: The Definitive Guide* enthält nicht nur jede Menge leckere Eisrezepte, sondern auch diese – für Eisfanatiker lebensnotwendigen – Erste-Hilfe-Tipps gegen Kältekopfschmerzen: (1) Ein Glas lauwarmes Wasser trinken – dadurch weiten sich die durch die Kälte zusammengezogenen feinen Blutgefäße im Mundraum wieder und der Schmerz lässt nach. (2) Die Zunge gegen den Gaumen pressen, um dort zusätzliche Wärme zu erzeugen. (3) Den Kopf in die Hände legen und kräftig in die Handflächen atmen, um das Gesicht zu wärmen. (4) Eis immer in kleinen Bissen genießen – und auf der Zunge zergehen lassen. (Ha!)

Marzipan-Semifreddo mit Zitrone und Orange

Ergibt 6–8 Portionen | Von Cristina Sciarra

240 g Sahne, gut gekühlt

4 Eier (Zimmertemperatur), getrennt

135 g Zucker

¼ TL Weinsteinbackpulver

⅛ TL Salz

155 g Marzipan

60 ml frisch gepresster Zitronensaft

2 TL Mandelextrakt

1 TL Abrieb von 1 Bio-Zitrone

1 TL Abrieb von 1 Bio-Orange

Wie man Mandeln luftig leicht bekommt? Nehmen Sie sich ein Beispiel an den Italienern: Mithilfe von Eiern, Eiweiß und Sahne wird Marzipan zu einer luftig leichten Creme – oder wie die Italiener sagen *zabaglione*. Wird diese Mischung gefroren – ganz richtig, einfach frieren, ganz ohne Eismaschine! –, entsteht ein luftiges Semifreddo. Und frischer Zitronen- und Orangenabrieb verleihen dem Ganzen eine erfrischende zitronige Note.

1. Die Sahne in eine große Schüssel geben, mit dem Handrührgerät auf mittlerer Stufe 3–4 Minuten steif schlagen und dann kalt stellen.

2. Einen mittelgroßen Topf 4 cm hoch mit Wasser füllen und bei mittlerer Hitze aufsetzen. Eiweiß, 65 g Zucker, Weinsteinbackpulver und Salz in eine große hitzebeständige Schüssel geben und mit dem Handrührgerät auf mittlerer Stufe über dem Wasserbad 3–4 Minuten aufschlagen, bis eine schaumige Masse entsteht. Die Mischung vom Wasserbad nehmen und etwa 8 Minuten weiterschlagen, bis die Eiweißmasse steif und glänzend ist. Die Masse beiseitestellen – den Topf mit dem Wasser auf dem Herd lassen, den brauchen Sie später noch einmal!

3. In einer zweiten hitzebeständigen Schüssel Marzipan, Zitronensaft, Mandelextrakt und den übrigen Zucker mit dem Handrührgerät auf niedrigster Stufe glatt rühren. Die Eigelbe dazugeben und unterrühren. Die Mischung anschließend auf mittlerer Stufe etwa 5 Minuten über dem Wasserbad aufschlagen, bis sie dunkelgelb ist und an Pudding erinnert. Die Schüssel vom Wasserbad nehmen und die Zabaglione weitere 4 Minuten rühren, bis sie Zimmertemperatur erreicht hat.

4. Zitronen- und Orangenabrieb unterrühren, anschließend vorsichtig die Eiweißmasse und schließlich die geschlagene Sahne unterheben.

5. Eine Kastenform (13 × 23 cm) mit Frischhaltefolie auslegen, dabei etwa 10 cm Folie an den langen Seiten überstehen lassen. Die Semifreddo-Basis in die Form gießen, mit einem Spatel gleichmäßig verteilen, mit der überstehenden Frischhaltefolie abdecken und mindestens 5 Stunden oder noch besser über Nacht im Tiefkühlfach fest werden lassen.

6. Das Semifreddo mithilfe der überstehenden Frischhaltefolie aus der Form heben und auf eine Servierplatte stürzen. Die Frischhaltefolie vorsichtig abziehen, das Semifreddo in Scheiben schneiden und servieren.

Schnelles Erdnussbutter-Curry-Eis

Ergibt etwa 1400 g | Von Cristina Sciarra

1 Dose gesüßte Kondensmilch (400 g)

25 g Erdnusspulver

20 g Magermilchpulver

1 EL Currypulver

1 TL Vanilleextrakt

475 g Sahne, gut gekühlt

Dieses ohne Eismaschine zubereitete Erdnussbuttereis ist etwas für die schlanke Linie: ohne Eier und – keuch – ohne Schokolade! Stattdessen wird die Erdnussbutter mit Kondensmilch gesüßt und verdankt ihren noch intensiveren Geschmack dem Curry- und dem Erdnusspulver. *Erdnusspulver* hört sich so nach Molekularküche an? Kein Grund, gleich weiterzublättern! Das sind einfach nur geröstete und gemahlene Erdnüsse, wodurch das nussige Aroma noch deutlicher zum Vorschein kommt. Man findet es mittlerweile in manchen Supermärkten oder natürlich im Internet – oder Sie machen es selbst! Ungesalzene, geröstete Erdnüsse in der Küchenmaschine etwa 30 Sekunden zu feinem Pulver mahlen.

Das ist Ihnen nicht süß genug? Servieren Sie das Eis mit Cayennepfeffer-Erdnussbutter-Krokant (Seite 50), flambierten Bananen (Seite 125), gerösteten Kokosraspeln oder Karamellsauce (Seite 85) – oder orientieren Sie sich an der beliebten amerikanischen Geschmackskombination Erdnuss/Frucht und servieren Sie das Eis mit warmem Blaubeerkompott (Seite 143).

1. Die Kondensmilch in eine große Schüssel geben. Erdnuss-, Magermilch- und Currypulver und Vanilleextrakt dazugeben und unterrühren.

2. Die Sahne in eine große Schüssel geben und mit dem Handrührgerät auf mittlerer Stufe 5–7 Minuten steif schlagen.

3. Einige Löffel geschlagene Sahne in die Kondensmilchmischung rühren, dann vorsichtig die übrige geschlagene Sahne unterheben – nur unterheben, nicht rühren!

4. Die Mischung in einen Behälter füllen und mindestens 5 Stunden im Tiefkühlfach frieren lassen.

Eis ohne Eismaschine? So geht's!

Nach dem Prinzip oben lässt sich Eis in allen erdenklichen Geschmacksrichtungen zubereiten: 400 g Kondensmilch in eine große Schüssel geben und den jeweiligen Geschmacksgeber unterrühren. Am besten funktioniert das mit flüssigen Aromen – schwere feste Geschmacksgeber lassen das luftig-leichte Eis schnell schwer werden. Perfekt geeignet sind beispielsweise 1–2 EL Vanille-, Mandel- oder Pfefferminzextrakt oder Rosen- oder Orangenblütenwasser, 160 g Konfitüre nach Wahl oder 120 ml gekühlter Kaffee. Die Mischung anschließend probieren – ist das gewünschte Aroma nicht intensiv genug, einfach noch etwas mehr dazugeben. 475 ml gekühlte Sahne steif schlagen, unter die Kondensmilchmischung heben und die Eisbasis dann frieren lassen. So einfach geht's!

Erdnusskrokant mit Cayennepfeffer

Ergibt etwa 1 Blech | Von Cristina Sciarra

400 g Zucker

175 ml heller Maissirup

½ TL Salz

440 g geschälte, geröstete, gesalzene Erdnüsse

2 EL Butter

1 TL Cayennepfeffer

1 TL Vanilleextrakt

2 TL Natron

Meistens ist Krokant einfach nur süß, aber dieses hier hat einen Hauch Schärfe, die dem Krokant einen interessanten Twist verleiht. Um die großen Krokantstücke (hübsch verpackt, ein Geschenk, das Eindruck macht!) in feinen Krokantstaub (perfekt für Eis!) zu verwandeln, das abgekühlte Krokant mit Backpapier bedecken und mit einem Fleischklopfer oder einem schweren Topf zu feinem Staub klopfen – oder die Stücke in der Küchenmaschine fein mahlen! Den Krokantstaub als Topping auf das fertige Eis streuen oder als Swirl unterrühren – er passt perfekt zu intensivem, cremigem Eis wie Erdnussbutter-Curry-Eis (Seite 49), Apfel-Lorbeer-Eis (Seite 107), Olivenöl-Kakaonibs-Gelato (Seite 10), Horchata-Eis (Seite 108), Marzipan-Semifreddo (Seite 47) oder Karottenkuchen-Eis (Seite 103).

1. Ein Backblech mit Backpapier auslegen, mit Backspray besprühen und beiseitestellen.

2. Zucker, Maissirup, Salz und 240 ml Wasser in einen weiten, hohen Topf geben und gut verrühren. Die Mischung bei mittlerer Hitze etwa 30 Minuten unter gelegentlichem Rühren köcheln lassen, bis sie leicht braun wird. Die Erdnüsse unterrühren und die Mischung weitere 30 Minuten köcheln lassen, dabei etwas öfter umrühren, bis sie etwa 135 °C erreicht. Verwenden Sie ein Zuckerthermometer zum Messen der Temperatur! Die Mischung vom Herd nehmen und Butter, Cayennepfeffer und Vanilleextrakt unterrühren, bis alles gut vermischt ist. Schließlich das Natron dazugeben und etwa 10–15 Sekunden weiterrühren.

3. Jetzt muss es schnell gehen: Die Mischung auf das vorbereitete Backblech gießen und dann mit einem hitzebeständigem Spatel gleichmäßig verteilen. Den Krokant etwa 40 Minuten abkühlen lassen und, sobald es hart ist, in Stücke schneiden.

4. Luftdicht verschlossen hält sich der Krokant bei Zimmertemperatur bis zu 3 Wochen.

Salziges Ahornkrokant

Ergibt etwa 1 Blech | Von Merrill Stubbs

250 g Zucker

120 ml Ahornsirup

1 EL Natron

1½ TL Meersalzflocken, z. B. von Maldon

Laut Merrill ist dieser Krokant – das vom Popcorneis mit Ahornkrokant von *Blue Marble* in Brooklyn inspiriert ist – ein Wunder der Wissenschaft: Durch ein bisschen Natron wird aus dunklem Ahornkaramell ein unglaublich luftiger, knackiger Krokant. (Natron wirkt wie Backpulver, das Kuchen und Pfannkuchen so herrlich luftig macht.) Wir sind begeistert, dass Wissenschaft auch so aussehen kann: knackige Krokantstücke, die nur darauf warten in cremiges Eis gerührt zu werden. Malz-Vanilleeis (Seite 23), Erdnussbuttereis (Seite 48), Feigen-Mandel-Eis (Seite 76) und Butternuss-Tahin-Eis (Seite 150) freuen sich über dieses geschmacksintensive Extra. Und für noch mehr Geschmack die Krokantstücke mit geschmolzener Zartbitterschokolade überziehen!

1. Ein Backblech mit einer Silikonbackmatte oder mit Backpapier auslegen und einfetten.

2. Zucker, Ahornsirup und 60 ml kaltes Wasser in einen schweren Topf geben und bei mittlerer Hitze unter Rühren erwärmen, bis sich der Zucker aufgelöst hat. Jetzt nicht mehr rühren, stattdessen die Pfanne hin und wieder schwenken. Die Mischung weitere 5–7 Minuten köcheln lassen, bis sie etwa 150 °C warm (Zuckerthermometer verwenden!) und bernsteinfarben ist.

3. Jetzt muss es schnell gehen: Die Mischung vom Herd nehmen, das Natron unterrühren und die Mischung auf das vorbereitete Backblech gießen – die Mischung aber dieses Mal nicht mit einem Spatel verteilen, sonst wird der Krokant später nicht so schön luftig!

4. Den noch warmen Krokant mit Salz bestreuen, dann vollständig abkühlen lassen und, wenn er hart ist, mit den Fingern in grobe Stücke brechen.

5. Luftdicht verschlossen hält sich der Krokant bei Zimmertemperatur etwa eine Woche.

Omelette Surprise mit Schokoladen-Haselnuss-Eis

Ergibt 10–12 Portionen | Von Cristina Sciarra, Posie Harwood und Yossy Arefi

Für das Schokoladen-Haselnuss-Eis

1 EL Espressopulver

2 EL heißes Wasser oder frisch gebrühter Kaffee

150 g Schokoladen-Haselnuss-Aufstrich

100 g Zartbitterschokolade (70 % Kakao), gehackt

1 Dose ungesüßte Kondensmilch (400 g)

1 TL Vanilleextrakt

710 g Sahne, gut gekühlt

Für den Biskuit

200 g Zucker

110 g Mehl, plus mehr für die Form

6 EL ungesüßtes Kakaopulver

1 gehäufter TL Backpulver

1 gehäufter TL Natron

½ TL Salz

120 ml Milch

1 Ei

2 EL Pflanzenöl, plus mehr für die Form

1 TL Vanilleextrakt

2 EL heißes Wasser oder frisch gebrühter Kaffee

Omelette Surprise hört sich verdächtig nach spießiger 1950er-Jahre-Dinner-Party an? Falsch gedacht – dieses köstliche Eisdessert ist alles andere als langweilig und spießig und macht noch dazu auch optisch so richtig was her! Dieses Rezept ist eine gelungene Kombination aus beliebten modernen Rezepten unterschiedlicher Food52-Autoren – Schokolade (Posie Harwoods Biskuit) und noch mehr Schokolade (eine Abwandlung von Yossy Arefis luftiger Baisermasse) trifft auf Schokolade, Haselnuss und Kaffee (Cristina Sciarras schnelles Eis ohne Eismaschine).

Die einzelnen Bestandteile des Desserts – Eis, Biskuit und sogar die Baisermasse – lassen sich gut im Voraus zubereiten, dann nur noch zusammensetzen und das fertige Omelette Surprise im Backofen oder mit einem kleinen Bunsenbrenner abflämmen. Ein echtes Highlight, und alles andere als kompliziert! Und auch ungekühlt kann man das Omelette Surprise guten Gewissens auf dem Esstisch stehen lassen, bis sich alle satt gegessen haben, denn dank seiner Größe schmilzt dieses Eisdessert nicht so schnell!

1. Für das Eis Espressopulver und heißes Wasser in eine Schüssel geben, verrühren und etwa 2 Minuten ziehen lassen. Den Schokoladen-Haselnuss-Aufstrich und die gehackte Schokolade in eine weitere Schüssel geben und in der Mikrowelle in 15-Sekunden-Intervallen schmelzen, dabei immer wieder umrühren.

2. Die Kondensmilch in eine weitere Schüssel geben, die Schokoladen-Mischung, den Espresso und das Vanilleextrakt dazugeben und verrühren. Die Mischung anschließend etwa 30 Minuten abkühlen lassen.

3. Die Sahne in eine große Schüssel geben und mit dem Handrührgerät auf mittlerer Stufe etwa 6–7 Minuten steif schlagen. Einige Löffel geschlagene Sahne in die Kondensmilchmischung rühren, dann vorsichtig die übrige geschlagene Sahne unterheben – und nicht mehr rühren!

4. Eine große Schüssel (etwa 20 cm Durchmesser) mit Frischhaltefolie auslegen, dabei großzügig Frischhaltefolie über den Schüsselrand stehen lassen. Die Eisbasis in die Schüssel geben, mit der überstehenden Frischhaltefolie abdecken und mindestens 6 Stunden oder noch besser über Nacht im Tiefkühlfach frieren lassen.

5. Für den Biskuit den Backofen auf 175 °C vorheizen und eine quadratische Kuchenform (23 × 23 cm) einfetten, bemehlen und mit Backpapier auslegen.

FORTSETZUNG SIEHE NÄCHSTE SEITE

OMELETTE SURPRISE MIT SCHOKOLADEN-HASELNUSS-EIS – FORTSETZUNG

Für die Baisermasse

5 Eiweiß

250 g Zucker

⅛ TL Salz

3 EL ungesüßtes Kakaopulver

6. Zucker, Mehl, Kakaopulver, Backpulver, Natron und Salz in eine große Schüssel geben und gut vermischen. Milch, Ei, Pflanzenöl und Vanilleextrakt dazugeben und alles gut verrühren. Zum Schluss das heiße Wasser dazugeben und vorsichtig unterrühren.

7. Die Masse in die vorbereitete Kuchenform füllen und den Biskuit etwa 30–35 Minuten backen. Zur Garprobe einen Holzspieß in die Mitte des Biskuits stecken. Haftet nach dem Herausziehen kein Teig daran, ist er gar. Den Biskuit etwa 15 Minuten abkühlen lassen und dann auf ein Kuchengitter stürzen. Das Backpapier vorsichtig abziehen und den Biskuit vollkommen auskühlen lassen. (In Frischhaltefolie eingeschlagen hält sich der vorbereitete Biskuitboden bei Zimmertemperatur etwa einen Tag, im Kühlschrank etwa 2 Tage und im Tiefkühlfach bis zu 2 Wochen.)

8. Für die Baisermasse einen Topf 4 cm hoch mit Wasser füllen und bei mittlerer Hitze aufsetzen. Eiweiße und Zucker in eine hitzebeständige Schüssel geben, verrühren und die Schüssel dann auf den Topf setzen. Die Mischung mit dem Handrührgerät auf mittlerer Stufe etwa 4 Minuten schlagen, bis sie weiß und schaumig ist. Die Mischung vom Wasserbad nehmen und etwa 5 Minuten weiterschlagen, bis sie steif und glänzend ist. Zum Schluss vorsichtig das Salz und das Kakaopulver unterheben.

9. Den Backofen auf 230 °C vorheizen oder einen Küchenbunsenbrenner bereitstellen. Den Biskuitboden auf ein mit Backpapier ausgelegtes Backblech geben und zu einem Kreis schneiden, der genau in die Eis-Schüssel passt (etwa 20 cm Durchmesser). Kuchenreste dürfen sofort genascht werden! Die Schüssel mit dem Eis aus dem Tiefkühlfach nehmen, die Frischhaltefolie abziehen, den Biskuitboden auf das Eis legen, das Omelette vorsichtig auf eine große Kuchenplatte stürzen und dann wieder ins Tiefkühlfach geben – und sich (mental) auf den nächsten Schritt vorbereiten.

10. Jetzt ist es fast geschafft! Die Baisermasse, den Bunsenbrenner (wenn verwendet) und einen Kuchenspatel bereitlegen. Das Omelette aus dem Tiefkühlfach nehmen, die Frischhaltefolie entfernen und die Baisermasse mit dem Spatel rundherum darauf verteilen – Sie können die Baisermasse beispielsweise auch zu Spiralen formen oder Spitzen ziehen. Das fertige Omelette Surprise 3 Minuten in den vorgeheizten Backofen geben oder mit dem Bunsenbrenner abflämmen. Falls Sie zwischendurch unterbrochen werden, das Omelette Surprise einfach wieder ins Tiefkühlfach geben und später weitermachen!

11. Das fertige Omelette Surprise entweder sofort servieren oder im Tiefkühlfach bis zu 2 Wochen aufbewahren.

Die Fruchtigen

Kirschgranita

Ergibt 1 Portion | Von Liz Larkin

- 75 g frische Kirschen, entsteint
- 1–2 EL Turbinado-Zucker oder Rohrzucker
- Blättchen von 1 Minzezweig, in Stücke gerissen
- 1 TL frisch gepresster Zitronen- oder Orangensaft
- ½–1 EL Pernod
- eine Handvoll Eiswürfel
- 1 EL Sahne (optional)

Die Granita ist so etwas wie die große Schwester eines Slushies – und so wie ein Slushie Kinderaugen zum Strahlen bringt, lässt diese Erwachsenenversion unsere Herzen höher schlagen. Die Granita wird nach und nach zu einem mit dem Strohhalm schlürfbaren Drink, dem zerstoßene frische Früchte und frische Minze das ganz gewisse Extra verleihen. Ein Schuss nach Anis schmeckender Pernod macht aus der Granita fast einen zahmen Cocktail, aber mit einem Löffel Sahne (der damit vielleicht doch ein absolutes Muss ist) haben wir doch wieder ein ausgewachsenes Eisdessert.

Statt den Kirschen eignen sich auch andere Steinfrüchte oder sogar Beeren, dann einfach einen passenden Likör wählen (Liz empfiehlt Kirschwasser, aber auch Bitterliköre eignen sich!). Die Eiswürfel können auch im Voraus zerkleinert und dann im Tiefkühlfach aufbewahrt werden. So lässt sich die Granita in Sekundenschnelle zubereiten – sie ist dann zwar nicht ganz so pulvrig, wie wenn man die Eiswürfel frisch zerkleinert, aber dem Geschmack tut das keinen Abbruch!

1. Kirschen, Zucker, Minze, Zitronensaft und Pernod in eine Schüssel geben und mit einem Stößel zerstoßen, bis eine sirupartige Flüssigkeit entsteht.

2. Eine Handvoll Eiswürfel im Standmixer zu feinem Eispulver zerkleinern.

3. Jetzt muss es schnell gehen: Das Eispulver in ein Glas geben und die zerstoßene Kirschmischung und evtl. 1 EL Sahne darüber verteilen. Jetzt fehlt nur noch ein Strohhalm – und Prost!

Wie man eine Kirsche entkernt – ganz ohne Küchenschnickschnack

Wer es gerne etwas wilder mag, entkernt Kirschen, indem er mit der breiten Seite eines Messers kräftig zuschlägt (Das sieht dann so aus wie auf der vorherigen Doppelseite!). Sauberer und etwas vornehmer ist diese Version: Eine leere Flasche und ein Essstäbchen bereitstellen. Eine Kirsche über die (gesäuberte) Flaschenöffnung halten und mit dem Essstäbchen den Kern einfach in Richtung Flasche aus der Kirsche schieben. Die Kerne landen so alle fein säuberlich in der Flasche – Volltreffer sozusagen.

Frozen Yogurt mit Ananas

Ergibt etwa 950 g | nach einem Rezept von Emily Vikre

165 g Ananas, in etwa 1,5 cm große Stücke geschnitten

120 ml Ahornsirup oder 100 g Zucker

120 g Sahne

110 g Honig

2 Thymianzweige (optional)

475 ml griechischer Joghurt (Vollfett)

1 TL Vanilleextrakt

An heißen Sommertagen wünscht man sich manchmal schon zum Frühstück die erste Abkühlung. Diese Kombination aus Frozen Yogurt und in Ahornsirup geschmorten Ananasstücken (auch Himbeeren oder Pflaumen sind geeignet!) ist da genau das Richtige! Der Honig-Thymian-Frozen-Yogurt ist herrlich cremig – und die Sahne sorgt dafür, dass er auch im Tiefkühlfach so bleibt. Verdoppeln Sie die Mengenangaben und Sie haben einen ganzen Schwung fertiger Zwischenmahlzeiten griffbereit, der sich im Tiefkühlfach bis zu einer Woche halten. Perfekt dazu: eine Handvoll Müsli als Topping!

1. Ananasstücke und Ahornsirup in einen kleinen Topf geben, einmal aufkochen und dann ohne Deckel bei geringer Hitze etwa 20 Minuten köcheln lassen, bis die Ananasstücke zerfallen. Das Kompott vom Herd nehmen und abkühlen lassen. (Für eine extra seidige Konsistenz das Kompott durch ein feines Sieb streichen.)

2. Sahne und Honig in einen Topf geben und unter Rühren erwärmen, bis sich der Honig aufgelöst hat. Die Mischung vom Herd nehmen, die Thymianzweige dazugeben und etwa 30 Minuten ziehen lassen, dann die Thymianzweige herausnehmen. Kein Thymianfan? Dann einfach nur Sahne und Honig erwärmen, bis sich der Honig aufgelöst hat!

3. Die Sahne-Honig-Thymian-Mischung, den Joghurt und das Vanilleextrakt in eine Schüssel geben, gut verrühren und im Kühlschrank mindestens zwei Stunden oder noch besser über Nacht durchkühlen lassen.

4. Die gekühlte Frozen-Yogurt-Basis in die Eismaschine geben und nach Gebrauchsanweisung zu einem cremigen Frozen Yogurt rühren lassen.

5. Abwechselnd Frozen Yogurt und Ananaskompott in einen Behälter löffeln und dann bis zum Verzehr ins Tiefkühlfach geben.

Haltbarkeit

Ein Grund, warum wir so verrückt nach selbst gemachtem Eis sind, ist, dass es so unglaublich luftig und cremig ist. Nach ein oder zwei Tagen im Tiefkühlfach – bei fettärmeren Eissorten wie Sorbets etwa nach einer Woche – wird selbst gemachtes Eis allerdings hart und verliert an Geschmack. Das liegt daran, dass hier, anders als bei gekauftem Eis, keine Stabilisatoren zugesetzt werden. Das Eis wird nicht ungenießbar, es ist nur nicht mehr so gut wie am ersten Tag. Um dem entgegenzuwirken, achten Sie darauf, das Eis immer gut abzudecken, es nicht offen stehen zu lassen (Luft sorgt für mehr Eiskristalle!) und Eis vor dem Servieren immer einige Minuten antauen lassen. Und wenn Sie glauben, diesmal kommt jede Rettung zu spät – einfach nochmal ab in die Eismaschine damit (Seite 140)!

Mini-Himbeereis-Sandwiches mit Zitronen-Kokos-Shortbread

Ergibt etwa 24 Mini-Eis-Sandwiches | Von Emily Vikre

Für das Himbeereis

5 Eigelb

525 g Sahne

170 ml Milch

200 g Zucker

½ Vanilleschote, der Länge nach halbiert und das Mark herausgekratzt

710 ml Himbeerpüree (Etwa 850 g frische oder aufgetaute Tiefkühlhimbeeren pürieren und anschließend durch ein feines Sieb streichen.)

1 EL Chambord oder Crème de Cassis (optional)

Für das Zitronen-Kokos-Shortbread

340 g weiche Butter

200 g Zucker

1 TL Meersalz

1 TL frisch gepresster Zitronensaft

335 g Mehl, plus mehr zum Arbeiten

80 g geröstete Kokosraspel

abgeriebene Schale von 2 Bio-Zitronen

Allein das leichte, knusprige Zitronen-Kokos-Shortbread von Food52-Community-Mitglied und -Autorin Emily ist ein Traum. Auch nur mit ihrem schnellen Himbeereis, das sowohl mit frischen *als auch* mit Tiefkühlhimbeeren unglaublich lecker schmeckt, wären wir schon glücklich gewesen. Aber das hat Emily nicht gereicht: Sie hat diese zwei für sich schon unwiderstehlichen Rezepte zu Mini-Sandwiches kombiniert, von denen wir einfach nicht genug bekommen können. Das Shortbread ist perfekt für Eis-Sandwiches, weil es nicht steinhart wird, wenn es im Tiefkühlfach aufbewahrt wird. Es lohnt sich daher, immer eine Portion Shortbread im Tiefkühlfach zu haben, so lassen sich auch mit gekauftem Eis (oder Zitronensorbet!) im Handumdrehen köstliche Eis-Sandwiches zubereiten.

1. Für das Eis die Eigelbe in eine mittelgroße Schüssel geben und schaumig schlagen. Sahne, Milch, Zucker und Vanillemark und -schote in einen mittelgroßen Topf geben und bei niedriger Hitze zum Köcheln bringen.

2. Etwa 60 ml der Sahne-Milch-Mischung in die Schüssel mit den Eigelben geben und kräftig unterrühren, dann weitere 120 ml dazugeben und gut unterrühren. Die Mischung schließlich zur übrigen Sahne-Milch-Mischung in den Topf geben und bei geringer Hitze unter ständigem Rühren köcheln lassen, bis die Mischung leicht eindickt.

3. Die Mischung durch ein feines Sieb in eine große Schüssel streichen und Himbeerpüree und Chambord unterrühren. Die fertige Eisbasis abgedeckt im Kühlschrank mindestens 4 Stunden oder noch besser über Nacht durchkühlen lassen.

4. Die gekühlte Eisbasis in die Eismaschine geben und nach Gebrauchsanweisung zu einem cremigen Eis rühren lassen. Das fertige Eis in einen Behälter geben und ins Tiefkühlfach geben.

5. Für das Shortbread Butter und Zucker in einen Standmixer mit Rühreinsatz geben und auf mittlerer Stufe 5–7 Minuten cremig rühren. Anschließend Salz und Zitronensaft unterrühren.

6. Die Hälfte des Mehls dazugeben und gut verrühren. Das übrige Mehl zusammen mit den Kokosraspeln und dem Zitronenabrieb dazugeben und etwa 2 Minuten weiterrühren, bis sich die Masse von den Seiten löst.

FORTSETZUNG SIEHE NÄCHSTE SEITE

7. Den Teig aus der Küchenmaschine nehmen, in Frischhaltefolie einschlagen und etwa 1 Stunde im Kühlschrank ruhen lassen.

8. Den Backofen auf 165 °C vorheizen und zwei Backbleche mit Backpapier auslegen. Den Teig aus dem Kühlschrank nehmen und auf einer leicht bemehlten Arbeitsfläche etwa 6 mm dick ausrollen. Mit einem runden Keksausstecher (etwa 5 cm Durchmesser) möglichst viele Kekse ausstechen und auf die vorbereiteten Backbleche geben. Den übrigen Teig wieder verkneten, ausrollen und weitere Kekse ausstechen, dabei möglichst wenig Mehl verwenden, sonst werden die Kekse später zu mürbe. So nach und nach den ganzen Teig aufbrauchen. Die Kekse 16–20 Minuten goldbraun backen, dabei die Bleche nach der Hälfte der Backzeit einmal umdrehen.

9. Die Shortbreads auf dem Backblech etwa 3 Minuten abkühlen lassen, dann auf ein Kuchengitter geben und komplett auskühlen lassen.

10. Das Eis aus dem Tiefkühlfach nehmen und einige Minuten antauen lassen. Einen Löffel Eis auf die untere, flache Seite eines Shortbreads geben, einen zweiten Keks daraufsetzen und vorsichtig festdrücken. So nach und nach alle Shortbreads in Mini-Sandwiches verwandeln.

11. Die Sandwiches mit Frischhaltefolie abdecken und bis zum Verzehr im Tiefkühlfach aufbewahren – oder natürlich sofort vernaschen!

Haselnuss-Ahorn-Waffel-Sandwiches mit Erdbeereis

Ergibt etwa 950 g Eis – wie viele Sandwiches sich damit zubereiten lassen, hängt von der Größe der Waffeln ab! | Von Cristina Sciarra

Für das Erdbeereis

450 g Erdbeeren, gewaschen und geputzt

120 ml Ahornsirup

1 TL Olivenöl

⅛ TL Salz

475 g Sahne

240 ml Milch

35 g Magermilchpulver

50 g Zucker

4 Eigelb

90 g gehackte geröstete Haselnüsse

Waffeln nach Ihrem Lieblingsrezept (Besonders lecker sind Waffeln aus Hefeteig!)

Denken Sie nicht, dass es sich hier einfach nur um langweiliges Erdbeereis handelt – für das Eis werden die Erdbeeren nämlich mit Ahornsirup und Olivenöl beträufelt und dann im Ofen sanft gebacken – eine echte Geschmacksexplosion! Für die Waffeln am besten frische Waffelmasse zubereiten und diese mit Ahornsirup und gerösteten Haselnüssen verfeinern. Wenn es schnell gehen muss, tun es aber genauso gut gekaufte oder tiefgefrorene Waffeln. Sie können die Sandwiches im Voraus zubereiten und dann im Tiefkühlfach aufbewahren, die Waffeln verlieren so allerdings etwas von ihrer Knusprigkeit. Oder Sie servieren zartschmelzendes Erdbeereis auf frischen, duftenden und herrlich krossen Waffeln!

1. Den Backofen auf 220 °C vorheizen. Die Erdbeeren auf einem mit Backpapier ausgelegten Backblech verteilen, mit Ahornsirup und Olivenöl beträufeln und mit Salz bestreuen. Die Erdbeeren etwa 20 Minuten backen. (In der Zwischenzeit die Eisbasis zubereiten – Schritt 2–4 –, damit die herrlich saftigen Erdbeeren noch warm unter die fertige Eisbasis gerührt werden können.)

2. In der Zwischenzeit Sahne, Milch, Magermilchpulver und 2 EL Zucker in einen Topf geben und gut verrühren. Die Mischung bei mittlerer Hitze einmal aufkochen lassen und dann vom Herd nehmen.

3. Eigelbe und den übrigen Zucker in eine Schüssel geben und etwa 1 Minute schaumig schlagen. Nach und nach die Sahne-Milch-Mischung dazugeben und gut verrühren.

4. Die Mischung zurück in den Topf geben und bei geringer Hitze unter gelegentlichem Rühren köcheln lassen, bis sie leicht eindickt. Die Eisbasis durch ein feines Sieb in eine große Schüssel streichen. Die noch warmen Erdbeeren aus dem Backofen nehmen, vorsichtig unter die Eisbasis heben und 30 Minuten durchziehen lassen. Die Eisbasis dann nochmals durch ein feines Sieb streichen – die ganzen Erdbeeren nicht durch das Sieb drücken, sondern beiseitestellen. Die Eisbasis und die Erdbeeren im Kühlschrank mindestens 4 Stunden oder noch besser über Nacht durchkühlen lassen.

FORTSETZUNG SIEHE NÄCHSTE SEITE

HASELNUSS-AHORN-WAFFEL-SANDWICHES MIT ERDBEEREIS – FORTSETZUNG

5. Die gekühlte Eisbasis in die Eismaschine geben und nach Gebrauchsanweisung zu einem cremigen Eis rühren lassen. 2 Minuten vor Ende der Gefrierzeit die ganzen Erdbeeren und die Hälfte der gehackten Haselnüsse dazugeben.

6. Das fertige Eis in einen Behälter füllen und mindestens 3 Stunden im Tiefkühlfach frieren lassen.

7. In der Zwischenzeit die Waffelmasse vorbereiten, dabei die übrigen gerösteten Haselnüsse unter die Masse heben (Wenn Sie Hefeteig-Waffeln zubereiten, die Haselnüsse direkt vor dem Gehenlassen dazugeben.). Kurz vor dem Backen 120 ml Ahornsirup unter die Waffelmasse ziehen. Die fertigen Waffeln etwa 10 Minuten auf einem Kuchengitter abkühlen lassen und dann in die gewünschte Sandwich-Größe brechen oder schneiden.

8. Das Erdbeereis aus dem Tiefkühlfach nehmen und leicht antauen lassen. Je einen großzügigen Löffel Eis auf ein Waffelstück geben, ein weiteres Waffelstück daraufsetzen und leicht zusammendrücken, damit sich das Eis gut verteilt. So nach und nach das Eis und die Waffeln aufbrauchen.

9. Die fertigen Sandwiches sofort servieren oder auf ein mit Backpapier ausgelegtes Kuchengitter geben, mit Frischhaltefolie abdecken und im Tiefkühlfach aufbewahren.

Das A & O der Sandwich-Kunst

Die Sandwich-Zubereitung ist eine Kunst – und das gilt auch für die Varianten mit Eis! Das Eis muss die richtige Konsistenz haben, es sollte nicht direkt aus dem Tiefkühlfach (zu hart!), aber auch nicht direkt aus der Eismaschine (zu weich!) kommen. Grundsätzlich eignet sich jedes Eis für Sandwiches, aber je cremiger das Eis, desto besser, denn so ist es leichter, genau den richtigen Moment zwischen zu hart und zu weich zu erwischen – bei Sorbet ist das um einiges schwieriger!

Als Kekse für Eis-Sandwiches eignen sich vor allem solche, die auch direkt aus dem Tiefkühlfach nicht zu hart sind – wie beispielsweise Brownies oder Shortbread. Aber sogar Croissants, Rührkuchen, Reiswaffeln oder Baiser lassen sich in Eis-Sandwiches verwandeln. Außerdem ist zu beachten, dass die Kekse zwar ruhig knusprig, aber nicht zu dünn sein sollten, da sie sonst beim ersten Bissen zerbröseln – und das gibt eine Riesensauerei! Eis-Sandwiches können sofort gegessen werden, dann ist allerdings die Gefahr groß, dass das Eis relativ weich ist und zerläuft. Für eine etwas »stabilere« Version die fertigen Sandwiches auf ein Backblech geben, mit Frischhaltefolie abdecken (So trocknet das Eis nicht aus!) und im Tiefkühlfach fest werden lassen.

Blaubeereis

Ergibt etwa 1400 g | Von Merrill Stubbs

355 ml Milch

355 g Sahne

150 g Zucker

4 Eigelb

1 Vanilleschote, der Länge nach halbiert, oder 1 TL Vanilleextrakt

300 g frische Blaubeeren, gewaschen

Laut Merril Stubbs, einer der Gründerinnen von Food52, gibt es keinen besseren Weg als diesen, um frische Blaubeeren zu genießen: pur, mit einem Schuss Milch und mit einem Löffel Zucker bestreut. Aber ihr herrlich cremiges und doch luftiges Blaubeereis schmeckt mindestens genauso gut! Am besten verwendet man für das Eis selbst gepflückte frische Blaubeeren – sie schmecken einfach am intensivsten! –, aber natürlich sind auch gekaufte oder Tiefkühlbeeren geeignet.

1. Milch, Sahne und 100 g Zucker in einen kleinen Topf geben und bei geringer Hitze unter gelegentlichem Rühren auf 80 °C erwärmen. Verwenden Sie zum Messen der Temperatur ein Zuckerthermometer!

2. In der Zwischenzeit die Eigelbe und den restlichen Zucker in eine kleine Schüssel geben und schaumig schlagen. Einen Löffel der warmen Milch-Sahne-Mischung zur Ei-Zucker-Mischung geben und vorsichtig unterrühren, dann die Ei-Zucker-Mischung in den Topf mit der Milch-Sahne-Mischung geben und alles gut verrühren. Das Mark aus der Vanilleschote kratzen, dazugeben und unterrühren.

3. Die Mischung bei geringer Hitze unter gelegentlichem Rühren einkochen lassen, bis sie leicht andickt (Die Mischung darf *auf keinen Fall* kochen, da sie sonst gerinnt!). Die Eisbasis durch ein feines Sieb in eine große Schüssel gießen und im Kühlschrank mindestens 4 Stunden oder noch besser über Nacht durchkühlen lassen.

4. Die gekühlte Eisbasis zusammen mit den Blaubeeren in einen Standmixer geben und kurz mixen – es dürfen ruhig einige Blaubeeren ganz bleiben! Die Eisbasis nochmals mindestens 2 Stunden kalt stellen.

5. Die Eisbasis in eine Eismaschine geben und nach Gebrauchsanweisung zu einem cremigen Eis rühren lassen.

Blaubeer-Keks-Milchshake

Pro Person zwei Kugeln Blaubeereis in einen Standmixer geben. (Wenn es schnell gehen muss, können Sie auch gekauftes Vanilleeis und 150 g frische oder Tiefkühlbeeren verwenden!) Pro Milchshake 120 ml Milch dazugeben und alles cremig mixen. Ist Ihnen der Shake noch zu cremig, geben Sie etwas mehr Milch dazu, ist er Ihnen zu dünn, geben Sie etwas mehr Eis dazu. Pro Person einen Vollkorn-Butterkeks in kleine Stücke brechen, in den Mixer geben und nochmals kurz mixen. Die fertigen Milchshakes in Gläser füllen und mit je einem Klecks geschlagener Sahne servieren.

Mango-Lassi-Pops

Ergibt 8 Pops | Von Nicholas Day

290 g frisches Mangopüree (Reife Mangos in der Küchenmaschine oder dem Standmixer fein pürieren – voilà Mangopüree!)

240 g griechischer Joghurt (Vollfett)

1 EL Honig

eine Prise Salz

eine Prise gemahlener Kardamom

Mango, Joghurt, ein Hauch Honig und nur eine Spur Salz und Kardamom – mehr als diese fünf Zutaten braucht es nicht. Das Ergebnis? Unwiderstehlich leckere Eispops, die im Mund zergehen – und zugleich wie ein Mango-Lassi erfrischend, spritzig und herrlich fruchtig sind.

1. Alle Zutaten im Standmixer cremig pürieren.

2. Die Eisbasis in Eisformen füllen und mindestens 4 Stunden oder noch besser über Nacht im Tiefkühlfach frieren lassen. So einfach und so lecker!

Genialer Tipp: Frozen Yogurt – ganz pur

Dank Max Falkowitz und Ethan Frisch von *Serious Eats* wissen wir, dass man für den besten Frozen Yogurt nur drei Zutaten braucht, nämlich Joghurt, Zucker und Salz! So einfach? Da bekommt man richtig Lust, ihn selbst zuzubereiten! Und so geht's: 950 g Vollfettjoghurt, 200 g Zucker (Der Zucker sorgt dafür, dass der Frozen Yogurt so herrlich cremig wird – und bleibt!) und ¼ TL Salz in eine Schüssel geben und verrühren, bis sich der Zucker aufgelöst hat. Die Frozen-Yogurt-Basis im Kühlschrank durchkühlen lassen und dann in die Eismaschine füllen und nach Gebrauchsanweisung zu cremigem Frozen Yogurt rühren lassen. Den Frozen Yogurt am besten sofort servieren, dann ist er wunderbar cremig, oder etwa 4 Stunden im Tiefkühlfach frieren lassen, dann erinnert er von der Konsistenz her eher an Joghurteis. Mit ein paar frischen Früchten garniert können Sie so Freunde und Familie mit einem köstlichen Eisdessert überraschen, das noch dazu in Sekundenschnelle zubereitet ist. Achtung: Suchtgefahr!

Genialer Tipp: Mango schälen in Sekundenschnelle

Die bekannte Foodbloggerin Katie Quinn hat die wahrscheinlich einfachste Methode entdeckt, wie man eine Mango in Sekundenschnelle schälen kann – alles was man dafür braucht ist ein ganz normales Wasserglas. Die Mango entlang des flachen Kerns halbieren und den Kern herausschneiden (wie Sie das sonst auch tun würden). Jetzt einfach das Fruchtfleisch an den Glasrand drücken und das Glas an der Mangoschale entlang hochziehen, sodass das Fruchtfleisch ins Glas gleitet. Easy, oder?

Cremolada mit gegrillter Wassermelone, Honig & Limette

Ergibt 6–8 Portionen | Von Cristina Sciarra

100 g Honig

175 ml frisch gepresster Limettensaft

1 kleine kernlose Wassermelone, Enden abgeschnitten und in etwa 2,5 cm dicke Scheiben geschnitten

50 g Turbinado-Zucker oder Rohrzucker

Die Cremolada ist sozusagen die peruanische Entsprechung eines Slushies oder einer Granita – genau der Drink, den man sich als Erfrischung an einem heißen Tag oder am Strand wünscht! Und das Beste? Mit der fruchtigen Cremolada tun Sie auch noch Ihrer Bikinifigur einen Gefallen: mit wenig Zucker und ganz viel Geschmack! Das Rezept lässt sich übrigens ganz einfach variieren: Früchte nach Wahl mit etwas Zucker und Wasser cremig pürieren, in Eiswürfelformen füllen und einfrieren. Die Fruchteiswürfel mit einigen Löffeln zusätzlichem Fruchtpüree cremig mixen – und fertig! Die Fruchteiswürfel können ohne Probleme im Tiefkühlfach aufbewahrt werden, verdoppeln (oder verdreifachen) Sie also ruhig die Mengenangaben – so können Sie im Handumdrehen köstliche Drinks zubereiten.

Cremolada schmeckt toll mit Cantaloupe-Melone, Mango, Tamarinde, Banane, Papaya, Granatapfel, Erdbeeren oder Ananas – etwa 1,5 kg in Stücke geschnittene Früchte sollten reichen. Cremolada lässt sich nach Wunsch übrigens noch mit frischen Kräutern, Tequila oder Gin aufpeppen! Ein Drink – so viele Möglichkeiten!

1. 1 EL Honig und 60 ml Limettensaft in eine kleine Schüssel geben und gut verrühren. Die Wassermelonenscheiben von beiden Seiten mit der Honig-Limettensaft-Mischung bepinseln.

2. Die Wassermelonenscheiben auf dem Grill (oder in einer Grillpfanne) von beiden Seiten etwa 4–5 Minuten grillen und dabei immer wieder mit Honig-Limettensaft-Mischung bepinseln. Die gegrillten Melonenscheiben etwa 5 Minuten abkühlen lassen, dann die Schale abschneiden und das Fruchtfleisch würfeln.

3. Die Wassermelonenstücke, den übrigen Honig und Limettensaft, den Zucker und 120 ml Wasser etwa 1 Minute cremig pürieren. Das Püree durch ein feines Sieb in eine große Schüssel streichen (Insgesamt sollten das so in etwa 1900 g Wassermelonenpüree sein!). 590 g des Pürees in den Kühlschrank geben, das übrige Püree in Eiswürfelformen füllen und mindestens 5 Stunden im Tiefkühlfach gefrieren lassen.

4. Die Wassermelonenwürfel im Standmixer pürieren, dann das gekühlte Püree dazugeben und weitere 2 Minuten mixen. Bei Bedarf noch etwas Wasser (bis zu 120 ml) dazugeben.

5. Die fertige Cremolada auf 6–8 hohe Gläser verteilen und mit langen Löffeln und Strohhalmen servieren.

Gegrillte Pfirsiche mit Zitronen-Spoom

Für 6–12 Portionen und etwa 950 g Spoom | Von Cristina Sciarra

6 kleine bis mittlere Pfirsiche, halbiert und entsteint

85 g Butter

55 g brauner Zucker

4 kleine Zitronen, halbiert

250 g Zucker

3 Eiweiß

¼ TL Weinsteinbackpulver

⅛ TL Salz

1 TL Vanilleextrakt

Spoom? Das ist eigentlich nichts anderes als ein besonders seidig-cremiges Sorbet! Der Name kommt vom italienischen *spuma*, was so viel heißt wie Schaum – besser könnte man die luftige Konsistenz, die sich durch den Eischnee ergibt, eigentlich auch gar nicht beschreiben.

Hier wird die seidige Eischneebasis mit gegrillten Zitronen aromatisiert und anschließend in der Eismaschine gefroren – und dann am besten sofort serviert. Wenn es nicht anders geht, hält der fertige Spoom auch 3–4 Stunden im Tiefkühlfach aus! Der fertige Spoom ist herrlich luftig und leicht und passt damit perfekt zu den warmen gegrillten Pfirsichen. Und wer es raffiniert mag, gibt noch einen Schuss Prosecco über das Ganze!

1. Den Backofen auf 220 °C vorheizen. Die Pfirsichhälften dicht an dicht mit der Hautseite nach unten in eine Auflaufform setzen. Butter und braunen Zucker in einen kleinen Topf geben und unter gelegentlichem Rühren bei mittlerer Hitze erwärmen, bis sich der Zucker aufgelöst hat. Die Mischung über die Pfirsichhälften gießen, dann die halbierten Zitronen ebenfalls mit der Hautseite nach unten in die Auflaufform setzen. Pfirsich- und Zitronenhälften etwa 50 Minuten grillen. (Die gegrillten Pfirsiche und Zitronen können separat bis zu einem Tag im Kühlschrank aufbewahrt werden.)

2. 240 ml Wasser und 100 g Zucker in einen Topf geben, bei mittlerer Hitze unter gelegentlichem Rühren erwärmen, bis sich der Zucker aufgelöst hat, und dann vom Herd nehmen. Die Zitronenhälften auspressen, etwa 120 ml Zitronensaft unter den Zuckersirup rühren und mindestens 2 Stunden kalt stellen. Im Kühlschrank hält der Sirup bis zu 2 Tage.

3. Einen mittelgroßen Topf 4 cm hoch mit Wasser füllen und bei mittlerer Hitze aufsetzen. Den übrigen Zucker, die Eiweiße und das Weinsteinbackpulver in eine große Schüssel geben und mit dem Handrührgerät auf mittlerer Stufe über dem Wasserbad 3–4 Minuten aufschlagen. Die Schüssel vom Wasserbad nehmen und die Masse etwa 5 Minuten weiterschlagen, bis sie steif ist. Salz und Vanilleextrakt und schließlich den Zitronensirup unterheben.

4. Die Spoom-Basis in die Eismaschine geben und nach Gebrauchsanweisung zu einem cremigen Spoom rühren lassen.

5. Den Spoom direkt nach der Gefrierzeit servieren, so ist er herrlich luftig und cremig, oder (wenn es nicht anders geht) bis zu 4 Stunden im Tiefkühlfach aufbewahren.

6. Die Pfirsiche in einem kleinen Topf erwärmen. Dann auf 6 (oder 12) Gläser verteilen und jeweils einen Löffel Zitronen-Spoom dazugeben.

Feigen-Mandel-Eis mit Schokoladenswirl

Ergibt etwa 950 g | Von Cristina Sciarra

Für das Feigenkompott

200 g getrocknete oder frische Feigen (türkische, California oder Black Mission)

2 EL Butter

2 EL brauner Zucker

Für das Mandeleis

475 g Sahne

240 ml Milch

35 g Magermilchpulver

60 g Zucker

50 g brauner Zucker

4 Eigelb

35 g gehackte Marcona-Mandeln

Für den Schokoladenswirl

85 g Zartbitterschokolade (70 % Kakao), in Stücke gebrochen

1 EL hartes Kokosöl

Mit jedem Löffel dieses intensiv nach Feigen schmeckenden Eises hat man das Gefühl direkt in eine reife Feige zu beißen – nur ist alles cremiger und irgendwie noch fruchtiger. Der herbe Schokoladenswirl ist die perfekte Ergänzung zur fruchtigen Süße der Feigen und den seidig-salzig-karamelligen Marcona-Mandeln! Ein himmlischer Genuss, der an mit Schokolade überzogene und mit Mandelblättchen bestreute frische Feigen erinnert.

1. Die getrockneten Feigen etwa 20 Minuten in 475 ml heißem Wasser aufquellen lassen, dann abgießen, mit Butter, Zucker und 120 ml lauwarmem Wasser in einen Topf geben und bei mittlerer Hitze etwa 15 Minuten köcheln lassen, bis die Feigen weich sind. Bei frischen Feigen nur die Enden abschneiden und dann mit Butter, Zucker und Wasser etwa 10 Minuten weich köcheln.

2. Für das Eis Sahne, Milch, Magermilchpulver, 50 g Zucker und den braunen Zucker in einen Topf geben, gut verrühren, bei mittlerer Hitze einmal aufkochen lassen und dann beiseitestellen.

3. Eigelbe und den übrigen Zucker etwa 30 Sekunden schaumig schlagen, dann vorsichtig die Sahne-Milch-Mischung unterrühren.

4. Die Mischung zurück in den Topf geben und bei geringer Hitze unter gelegentlichem Rühren köcheln lassen, bis sie leicht eindickt.

5. Die Eisbasis durch ein feines Sieb in eine große Schüssel streichen. Das Feigenkompott dazugeben und alles 1–2 Minuten pürieren. Die warme Eisbasis etwa 30 Minuten abkühlen lassen und dann im Kühlschrank mindestens 4 Stunden oder noch besser über Nacht durchkühlen lassen.

6. Die gekühlte Eisbasis in die Eismaschine geben und nach Gebrauchsanweisung zu einem cremigen Eis rühren lassen. Kurz vor Ende der Gefrierzeit die Mandeln dazugeben.

7. Währenddessen Schokolade und Kokosöl in eine kleine Schüssel geben und in der Mikrowelle schmelzen. Die Mischung anschließend etwa 10 Minuten abkühlen lassen.

8. Abwechselnd je ein Drittel Schokoladensauce und Feigeneis in einen Plastikbehälter schichten und zum Schluss mit einer Gabel durchziehen, sodass eine leichte Marmorierung entsteht – wir dürfen präsentieren: der Schokoladenswirl! Das fertige Eis mindestens 4 Stunden im Tiefkühlfach durchfrieren lassen.

Bourbon-Pflaumen-Velvet

Ergibt etwa 1700 g | Von Amanda Hesser

175 g Trockenpflaumen, gehackt

80 ml Bourbon oder brauner Rum

150 g Zucker

3 Eiweiß (Zimmertemperatur)

eine Prise Salz

475 g Sahne

Der Velvet ist sozusagen der Vorläufer eines Eises aus der Eismaschine. *Velvet*, das englische Wort für Samt, ist genau der richtige Begriff, um die wunderbar samtige Konsistenz dieser Eiscreme auf Eischneebasis zu beschreiben.

Ihnen graut, wenn Sie das Wort *Zuckerthermometer* lesen? Dafür gibt es aber gar keinen Grund – und jetzt ist genau der richtige Moment, um sich eines zuzulegen! Solange Sie außerdem einen Pürierstab oder einen Standmixer zur Hand haben, ist dieses Eis schneller zusammengerührt als jeder noch so einfache Rührkuchen – trotz Zuckerthermometer!

1. Trockenpflaumen und Bourbon in eine kleine Schüssel geben und beiseitestellen.

2. Zucker und 60 ml Wasser in einen kleinen Topf geben. Jetzt kommt der große Einsatz des Zuckerthermometers: Befestigen Sie es einfach am Topfrand. Die Mischung bei mittlerer Hitze erwärmen, bis sich der Zucker aufgelöst hat und dann bei geringer Hitze köcheln lassen, bis das Zuckerthermometer 113 °C anzeigt.

3. In der Zwischenzeit Eiweiße und Salz in einen Standmixer mit Rühreinsatz geben und etwa 3–5 Minuten auf höchster Stufe steif schlagen. Den Sirup, sobald er die richtige Temperatur erreicht hat, bei laufendem Mixer in einem dünnen Strahl zum Eischnee geben und weiterrühren, bis die Masse wieder ganz steif wird. Die Eischnee-Sirup-Masse im Kühlschrank etwa 30 Minuten kalt werden lassen.

4. Die Sahne mit einem Handrührgerät auf höchster Stufe etwa 2–3 Minuten steif schlagen. Zuerst die Pflaumen-Bourbon-Mischung und dann die geschlagene Sahne vorsichtig unter die Eischnee-Sirup-Masse heben. Die Velvet-Basis in einen Behälter geben und im Tiefkühlfach durchfrieren lassen – gut verschlossen und gekühlt hält sie sich so bis zu einer Woche.

Genialer Tipp: Olivenöl und Meersalz

Auch wenn Eis eigentlich nicht zu süß sein kann, vor allem bei diesem Eis (aber auch bei anderen supersüßen Geschmacksrichtungen) kann es nicht schaden, etwas Herzhaftigkeit ins Spiel zu bringen. Wie? Das fertige Eis mit hochwertigem Olivenöl beträufeln und mit Meersalzflocken bestreuen. Bei *Big Gay Ice* in New York serviert man zum Beispiel Vanilleeis mit Feigensauce, gerösteten Pinienkernen, Olivenöl und Meersalz. Hört sich doch gut an, nicht wahr!?

20
COSTA'S ICE CREAM CO.

Spritziger Orangensherbet-Cooler

Ergibt etwa 950 g Sherbet und damit viele, viele erfrischende Cooler | Von Emily Connor

Für das Orangensherbet

200 g Zucker

1 EL Abrieb von 1 Bio-Zitrone oder -Orange

⅛ TL Salz

475 ml Orangensaft, wenn möglich frisch gepresst

60 ml frisch gepresster Zitronensaft

160 g Sahne

Für einen Cooler

120 ml Orangensaft, wenn möglich frisch gepresst, gut gekühlt

120 ml Mineralwasser, gut gekühlt

1–2 Löffel Orangensherbet

Dieses sonnengelbe Sherbet aus luftiger Schlagsahne und frisch gepresstem Orangensaft ist so herrlich seidig-cremig, dass man es auch pur problemlos weglöffeln kann. Aber halt, nicht so schnell! Mit etwas Mineralwasser und noch mehr Orangensaft wird aus dem fruchtigen Sherbet ein herrlich fruchtiger, erfrischender, sommerlicher Cooler!

1. Für das Sherbet Zucker, Zitronenabrieb und Salz in der Küchenmaschine etwa 10 Sekunden fein mahlen. Bei laufender Küchenmaschine Orangen- und Zitronensaft dazugeben und etwa 1 Minute lang weitermixen, bis sich der Zucker aufgelöst hat.

2. Die Mischung durch ein feines Sieb in eine Schüssel streichen, mit Frischhaltefolie abdecken und etwa 45 Minuten im Tiefkühlfach oder mindestens 2 Stunden im Kühlschrank komplett durchkühlen lassen.

3. Die Sahne in eine große Schüssel geben und mit einem Handrührgerät 2–3 Minuten steif schlagen. Bei laufendem Handrührgerät die Zucker-Orangen-Mischung in einem dünnen Strahl dazugeben und unterrühren.

4. Die Sherbet-Basis in die Eismaschine geben und nach Gebrauchsanweisung zu einem cremigen Sherbet rühren lassen.

5. Das Sherbet in einen Behälter geben und anschließend mindestens 3 Stunden im Tiefkühlfach durchfrieren lassen.

6. Für den Cooler Orangensaft und Mineralwasser und ein oder zwei Löffel Sherbet in ein hohes Glas geben – für eine cremige Variante Orangensaft, Mineralwasser und Sherbet im Standmixer pürieren!

Variieren erwünscht

Wenn Sie schon ein wenig in diesem Buch herumgeblättert haben, ist Ihnen vielleicht schon aufgefallen, dass die Rezepte zwar ziemlich oft Sahne und / oder Milch enthalten, die Mengenangaben aber variieren. Warum das so ist? Weil auch die Milchprodukte – genauso wie Früchte oder Vanilleextrakt – Geschmacksgeber sind, ganz abgesehen davon, dass sie das fertige Eis so herrlich cremig machen. Was das bedeutet? Dass Sie Sahne- bzw. Milchanteil ganz nach Ihrem Geschmack variieren können! Für ein eher fruchtigeres Eis beispielsweise den Milchproduktanteil reduzieren – so kommen die anderen Aromen besser zur Geltung. Schiefgehen kann dabei eigentlich so gut wie nichts – im schlimmsten Fall hat Ihre Eiskreation eine etwas andere Konsistenz, aber um es mit Alice Medrichs Worten zu sagen: »Warum haben alle nur immer so schreckliche Angst vor Eis mit Eiskristallen? Cremiger heißt nicht unbedingt besser!«

Die Exotischen

Zitronengras-Chili-Ingwer-Eis

Ergibt etwa 2400 g | Von Derek Laughren

1200 g Sahne

590 ml Milch

300 g Zucker

½ TL Salz

225 g frischer Ingwer, geschält und in feine Scheiben geschnitten

2 Stängel Zitronengras, geputzt, in etwa 5 cm lange Stücke geschnitten und mit dem Messerrücken zerdrückt

4 rote Chilischoten (z. B. Bird's Eye), halbiert, mit Kernen und Kerngehäuse

12 Eigelb

150 g kandierter Ingwer, fein gehackt (optional)

Stimmt schon, die Geschmackskombination Zitronengras-Ingwer-Chili ist ungewöhnlich für ein Eis und würde man eher einem Thai-Curry zuordnen. Aber mit Sahne, Milch und Zucker ergibt sich ein frisches Eis, das zwar ungewöhnlich, aber dafür umso leckerer schmeckt! Derek, unser Test-Küchen-Manager empfiehlt übrigens, dieses Eis mit Ginger Beer zu einem spritzig-erfrischenden Float aufzugießen!

1. Sahne, Milch, 200 g Zucker und Salz in einen Topf geben und verrühren. Ingwer, Zitronengras und Chilischoten dazugeben und die Mischung bei mittlerer Hitze unter Rühren zum Köcheln bringen. Die Mischung vom Herd nehmen und abgedeckt etwa 30 Minuten ziehen lassen. Die Mischung im Standmixer cremig pürieren, dann durch ein feines Sieb in eine Schüssel streichen und Zitronengras, Ingwer und Chilischoten beiseitegeben.

2. Die Mischung zurück in den Topf geben. Die Eigelbe und den übrigen Zucker in einer hitzebeständigen Schüssel schaumig schlagen. Einige Löffel aromatisierte Sahne-Milch-Mischung unter die Eigelb-Zucker-Mischung rühren und die Mischung anschließend in den Topf mit der übrigen Sahne-Milch-Mischung geben und gut unterrühren.

3. Die Mischung bei geringer Hitze unter ständigem Rühren köcheln lassen, bis sie leicht eindickt.

4. Die Eisbasis durch ein feines Sieb in eine Schüssel streichen und im Kühlschrank mindestens 4 Stunden oder noch besser über Nacht durchkühlen lassen.

5. Die gekühlte Eisbasis in der Eismaschine zu einem cremigen Eis rühren lassen. Kurz vor Ende der Gefrierzeit den kandierten Ingwer dazugeben.

Miso-Karamell-Sauce

Wie die Balsamico-Toffee-Sauce (Seite 19) beweist Kathy Wielech Pattersons Miso-Karamell-Sauce aufs Neue, dass man mit der Kombination Karamell / Salz eigentlich nichts falsch machen kann. Für etwa 470 g Miso-Karamell-Sauce 150 g Zucker und 60 ml Wasser in einen Topf geben und bei mittlerer Hitze ohne Umrühren erhitzen. Wenn der Zucker sich aufgelöst hat und beginnt, braun zu werden, die Mischung vom Herd nehmen und 120 g Sahne unterrühren. Den Topf zurück auf den Herd stellen, die Mischung erwärmen, bis sie wieder flüssig ist und 2 EL weiße Misopaste (Dunkle Misopaste ist zu intensiv!) unterrühren. Die fertige Sauce abkühlen lassen und luftdicht verschlossen im Kühlschrank aufbewahren. Die Sauce vor dem Servieren bei Bedarf in der Mikrowelle erwärmen – so wird sie wieder flüssig!

Mochis

Ergibt etwa 220 g | Von Cynthia Chen McTeman

160 g süßes Reismehl (Mochiko), plus etwas mehr zum Bestäuben

200 g Zucker

½ TL Backpulver

175 ml Kokosmilch (Vollfett)

Mochis, die süßen japanischen Reisküchlein, eignen sich – in kleine Würfel geschnitten – perfekt als Topping für Frozen Yogurt oder als Keksersatz für Mochis-Eis-Sandwiches. Nach traditioneller japanischer Zubereitung wird für Mochis zunächst Klebreis gedämpft und dann mit schweren Holzstößeln und viel Kraftaufwand und Rhythmusgefühl geschlagen – diese traditionelle Zeremonie nennt man *mochi-tsuki*.

Wer nicht gerade mehrere kräftige Japaner kennt, für den haben wir einen kleinen Trick: süßes Reis*mehl*, das man in jedem Asiamarkt bekommt (Fragen Sie nach *mochiko!*). Und die übrigen Zutaten haben Sie höchstwahrscheinlich sogar schon zu Hause.

Und es gibt so viele Varianten: Geben Sie zum Beispiel 1 EL Rosenwasser oder ½ TL Mandel- oder Pfefferminzextrakt zur Mochi-Masse. Oder mischen Sie 1–2 TL Matchapulver unter das Reismehl. Oder verwenden Sie Chai-Tee statt Wasser – und geben Sie ein paar Löffel Chai-Tee-Granita (Seite 113) auf ein fertiges Mochi!

1. Den Backofen auf 135 °C vorheizen. Eine Auflaufform aus Glas (23 × 33 cm) mit Backpapier auslegen, dabei das Backpapier an den langen Seiten der Form großzügig überstehen lassen, einfetten und in den Kühlschrank geben.

2. Reismehl, Zucker und Backpulver in eine große Schüssel geben und vermischen. 240 ml Wasser und die Kokosmilch in eine zweite Schüssel geben und verrühren. Schließlich die Wasser-Kokosmilch-Mischung zur Reismehl-Zucker-Mischung geben und alles gut miteinander verrühren.

3. Die Mischung in die vorbereitete Form geben, mit Alufolie abdecken und etwa 60 Minuten backen – die Masse sollte noch weich sein, aber ihre Form behalten, wenn man mit dem Finger hineindrückt. (Wenn die Mischung nach 60 Minuten noch immer nicht fest ist, erhöhen Sie die Temperatur auf 150 °C und backen Sie sie nicht abgedeckt weitere 10–15 Minuten.) Die gebackene Masse anschließend vollständig abkühlen lassen.

4. Den Mochi-Block mithilfe des überstehenden Backpapiers aus der Form heben und auf eine mit Reismehl bestäubte Arbeitsfläche geben. Das Backpapier abziehen und den Block auch von der anderen Seite mit Reismehl bestäuben. Ein Buttermesser mit Frischhaltefolie umwickeln, den Block damit in die gewünschte Form schneiden und die fertigen Mochis rundherum mit Reismehl bestäuben. Im Kühlschrank halten Mochis luftdicht verschlossen etwa eine Woche, im Tiefkühlfach mehrere Monate! Wenn man Cynthia vertrauen kann, schmecken sie direkt aus dem Tiefkühlfach am besten – und wir denken, Cynthia ist mehr als vertrauenswürdig!

Lavendel-Kokos-Eis

Ergibt etwa 950 g | Von Cristina Sciarra

- 1 Dose Coconut Cream / Kokoscreme (400 g)
- 1 Dose Kokosmilch (400 g)
- 100 g Turbinado-Zucker oder Rohrzucker
- 60 ml heller Maissirup
- 1 gehäufter TL Tapiokastärke
- 2 EL essbare getrocknete Lavendelblüten
- 1 EL Wodka

An alle, die der Meinung sind, dass Lavendeleis seifig schmeckt und veganes Eis nicht cremig sein kann: Dieses Lavendel-Kokos-Eis (siehe Bild Seite ii) ist der Gegenbeweis! Es ist vegan und doch cremig – aufgrund der samtigen Coconut Cream – und schmeckt unglaublich intensiv nach Kokos mit nur einem Hauch Lavendel, der das Kokosaroma angenehm unterstreicht. Coconut Cream findet man im Asiamarkt – oder im Internet! Falls nicht, kaufen Sie einfach etwas mehr Kokosmilch, denn Coconut Cream ist eigentlich nichts anderes, als die Creme, die sich oben auf Kokosmilch absetzt. Achten Sie nur darauf, dass nicht aus Versehen Cream of Coconut in Ihrem Einkaufswagen landet, die ist nämlich zusätzlich gesüßt und damit mehr etwas für Cocktails (Wir sagen nur Piña Colada!).

1. Coconut Cream, Kokosmilch, Zucker und Maissirup und Tapiokastärke in einen Topf geben und bei mittlerer Hitze erwärmen, bis sich die Coconut Cream aufgelöst hat. Die Mischung etwa 5 Minuten unter Rühren köcheln lassen und anschließend mit einem Pürierstab etwa 1 Minute cremig mixen.

2. Die Kokosmischung vom Herd nehmen, die Lavendelblüten und den Wodka dazugeben und die Mischung etwa 30 Minuten ziehen lassen. Die Eisbasis durch ein feines Sieb in eine große Schüssel streichen, nochmals 30 Sekunden mixen und dann im Kühlschrank mindestens 5 Stunden oder noch besser über Nacht durchkühlen lassen.

3. Die gekühlte Eisbasis in die Eismaschine geben und nach Gebrauchsanweisung zu einem cremigen Eis rühren lassen.

Ein Hoch auf Maissirup

Maissirup hat irgendwie ein Imageproblem – man sagt, er ist ungesund und klebrig und mit Zusatzstoffen versetzt. Jetzt könnte man sagen, Zucker ist auch nicht wirklich das Gesündeste, und trotzdem sitzen wir hier und schreiben ein Buch über Eis. Bei uns kommt Maissirup immer wieder zum Einsatz, weil durch ihn Eis weniger schnell schmilzt, sich weniger Eiskristalle bilden, was bedeutet, dass das Eis cremiger ist, und er mehr oder weniger geschmacksneutral ist (etwa im Gegensatz zu Honig oder Agavendicksaft). Vor allem bei fettärmeren Eisarten, wie beispielsweise bei Sorbets, ist Maissirup unverzichtbar, denn er sorgt dafür, dass das fertige Eis nicht körnig wird. Und dann gibt es auch Rezepte, die zusätzlich zum Maissirup Zucker enthalten – das liegt daran, dass Maissirup eben doch nicht so süß ist (und man den Zucker tatsächlich für den Geschmack braucht) und dass es durch zu viel Maissirup ewig dauert, bis dass Eis friert und es dann zu fest wird.

Castella mit Basilikum-Perillo-Gelato

Ergibt einen runden Kuchen (23 cm Durchmesser) und dazu noch einen in der Kastenform – der geht sozusagen aufs Haus! | Von Bobbi Lin

Für das Basilikum-Perillo-Gelato

475 ml Milch

240 g Sahne

100 g Zucker

50 g brauner Zucker

6 Eigelb

30 g frische Basilikumblätter

10 g frische Perillo-Blätter

1 TL Abrieb von 1 Bio-Zitrone

eine Prise Salz

Für den Castella

60 ml Milch

110 g Honig

7 Eier (Zimmertemperatur)

250 g Zucker

190 g Mehl (Type 550), gesiebt

An einem heißen Sommersamstag waren wir mit unserer Fotografin Bobbi zum Grillen verabredet. Sie kam zu spät, weil sie mühevoll versucht hat, ihren Eiskuchen irgendwie halbwegs unbeschadet mit dem Fahrrad zu uns zu transportieren. »Das ist dieser Kuchen wert!«, war ihre Entschuldigung und da er es in dieses Buch geschafft hat, können Sie sich sicher sein, dass das die Wahrheit ist. Anders als andere Eiskuchen ist dieser hier leicht und frisch – und zartgrün (siehe nächste Seite)!

Jetzt, wo Sie ein bisschen etwas über Bobbi wissen, überrascht es Sie sicher nicht zu hören, dass Bobbi diesen Kuchen an jenem besagten Samstag zum ersten Mal zubereitet hat, und zwar indem sie zwei Ihrer Lieblingsrezepte kombinierte: Das erfrischende Gelato mit Basilikum und seinem asiatischen Cousin Perillo, der leicht nach Ingwer und Minze schmeckt, und der traditionelle japanische Kuchen Castilla. Noch mehr Klasse bekommt der Kuchen, wenn man ihn schichtet, oder den Teig mit Matchapulver färbt oder als Topping Baisers aus dem übrigen Eiweiß zubereitet – oder indem man ihn aufs Fahrrad schnallt und Freunde damit überrascht!

1. Für das Gelato Milch, Sahne, Zucker und braunen Zucker in einen Topf geben und verrühren. Die Mischung aufkochen lassen, die Hitze sofort wieder reduzieren und die Mischung dann bei geringer Hitze etwa 5 Minuten köcheln lassen, bis sich der Zucker aufgelöst hat. Beiseitestellen.

2. Die Eigelbe in eine mittelgroße Schüssel geben und schaumig schlagen, dann ein Drittel der Sahne-Milch-Mischung unterrühren. Schließlich die Mischung zur übrigen Sahne-Milch-Mischung in den Topf geben, köcheln lassen, bis die Mischung leicht eindickt und dann abkühlen lassen.

3. Basilikum, Perillo und 120 ml der abgekühlten Eisbasis im Standmixer fein pürieren. Die Mischung zur abgekühlten Eisbasis geben und gut verrühren. Zitronenabrieb und Salz ebenfalls dazugeben und unterrühren.

4. Die fertige Eisbasis im Kühlschrank mindestens 4 Stunden oder noch besser über Nacht durchkühlen lassen.

5. Die gekühlte Eisbasis in die Eismaschine geben und nach Gebrauchsanweisung zu einem cremigen Eis rühren lassen. Das fertige Eis in einen luftdicht verschließbaren Behälter füllen und ins Tiefkühlfach geben. Ergibt etwa 950 g Gelato.

FORTSETZUNG SIEHE NÄCHSTE SEITE

6. Für den Castella den Backofen auf 175 °C vorheizen. Eine Springform (23 cm Durchmesser) und eine Kastenform einfetten, mit Backpapier auslegen und dann nochmals einfetten.

7. Milch und Honig in eine kleine Schüssel geben und etwa 10 Sekunden in der Mikrowelle erwärmen, bis sich der Honig aufgelöst hat.

8. Die Eier in einen Standmixer mit Rühreinsatz geben und auf mittlerer Stufe etwa 7 Minuten schaumig schlagen, dabei nach und nach den Zucker dazugeben.

9. Anschließend nach und nach Mehl und die Milch-Honig-Mischung dazugeben und auf niedrigster Stufe verrühren, bis eine glatte Masse entsteht, dabei die Masse an den Seiten immer wieder mit einem Spatel nach unten schieben.

10. Die Masse in die vorbereiteten Kuchenformen füllen und etwa 10 Minuten backen, dann die Hitze auf 160 °C reduzieren und die Kuchen 20–30 Minuten (Kastenform) beziehungsweise 30–40 Minuten (Springform) weiterbacken. Zur Garprobe einen Holzspieß in die Mitte der Kuchen stecken. Haftet nach dem Herausziehen kein Teig daran, sind sie gar. Wenn die Kuchen oben zu schnell braun werden, decken Sie sie mit Alufolie ab und backen Sie sie dann wie angegeben weiter.

11. Die Kuchenformen aus dem Ofen nehmen. Die Springform aus einer Höhe von etwa 10 cm kräftig auf die Arbeitsfläche klopfen – das sorgt dafür, dass der Castella später nicht zusammenfällt. Den Kuchen dann aus der Form nehmen, das Backpapier abziehen und den Kuchen auf einem Kuchengitter abkühlen lassen. Den Kuchen in der Kastenform vollständig abkühlen lassen und erst dann aus der Form lösen.

12. Das Gelato aus dem Tiefkühlfach nehmen und antauen lassen, bis es cremig und streichfähig ist. Den runden Kuchen wieder in die Springform geben, das weiche Gelato vorsichtig darauf verteilen mit Frischhaltefolie abdecken und den fertigen Eis-Castella etwa eine Stunde im Tiefkühlfach durchfrieren lassen.

13. Den Rand der Springform vorsichtig lösen und beiseitegeben, den Castella in Stücke schneiden und sofort servieren.

Kirschsorbet mit Zitronen-Thymian-Limonade

Ergibt 6 Portionen | Von Cristina Sciarra

Für das Kirschsorbet

700 g Tiefkühlkirschen, entkernt

100 g Zucker

1 EL Kirschwasser

⅛ TL Salz

1 mittelgroße Zitrone, halbiert

2 EL Turbinado-Zucker oder Rohrzucker

Für die Zitronen-Thymian-Limonade

475 ml frisch gepresster Zitronensaft

200 g Zucker

1 EL Abrieb von 1 Bio-Zitrone

6 Thymianzweige

Mineralwasser zum Aufgießen

Warum dieses Sorbet so intensiv nach Kirschen schmeckt? Weil die Kirschen zuvor gebacken werden – Cristina hat sich die Anregung dafür von einem anderen Food52-Superstar, Emily Connor, geholt! Dadurch kommt das Aroma der Kirschen besonders gut zur Geltung und man kann hier auch guten Gewissens Tiefkühlkirschen verwenden (Sparen Sie die frischen lieber für unsere fruchtige Kirschgranita auf Seite 59!). Dazu die herrlich spritzige Zitronen-Thymian-Limonade, die für einen zusätzlichen Geschmackskick sorgt – was will man mehr!

1. Für das Sorbet den Backofen auf 200 °C vorheizen. Kirschen, Zucker, Kirschwasser und Salz in eine rechteckige Auflaufform (23 × 33 cm) geben, gut vermischen und dann gleichmäßig in der Form verteilen. Die Zitronenhälften mit der Hautseite nach unten ebenfalls in die Form geben. Die Kirschen etwa 30 Minuten backen, dann 240 ml Wasser in die Form gießen und weitere 15 Minuten backen. Die Kirschen etwa 30 Minuten abkühlen lassen.

2. Die Kirschen (inklusive der Flüssigkeit!) und den Turbinado-Zucker in einen Standmixer geben und fein pürieren. Die Zitronenhälften auspressen, den Saft dazugeben und etwa 1 Minute mixen. Die Sorbetbasis im Kühlschrank mindestens 4 Stunden oder noch besser über Nacht durchkühlen lassen.

3. Die gekühlte Sorbetbasis in die Eismaschine geben und nach Gebrauchsanweisung zu einem cremigen Eis rühren lassen. Das Sorbet anschließend 3 Stunden im Tiefkühlfach durchfrieren lassen.

4. Zitronensaft, Zucker, Zitronenabrieb, 120 ml Wasser und die Thymianzweige in einen Topf geben, bei mittlerer Hitze aufkochen lassen, dann die Hitze reduzieren und die Mischung etwa 40 Minuten einkochen lassen. Den Sirup 20 Minuten abkühlen lassen und dann durch ein feines Sieb gießen. (Gut verschlossen hält sich der Sirup im Kühlschrank bis zu 5 Tage.)

5. Den Sirup auf 6 Gläser verteilen, je einen Löffel Sorbet dazugeben, mit Mineralwasser aufgießen und mit Löffeln und Strohhalmen servieren.

Sgroppino

Es gibt zahlreiche Varianten des original venezianischen Sgroppino, aber laut unserer Italienexpertin Emiko Davies ist die ursprünglichste Version diese: Cremiges Zitronensorbet und die gleiche Menge Prosecco vorsichtig verrühren, bis eine homogene Masse entsteht – das war's. Serviert wird der cremig-spritzige Sgroppino in einem eleganten Glas.

Minze-Basilikum-Eis mit Schokosplittern

Ergibt etwa 950 g | Von Virginia Kellner

240 ml Milch

20 g Minzeblätter, in Stücke gezupft

20 g Basilikumblätter, in Stücke gezupft

475 g Sahne

150 g Zucker

4 Eigelb

85 g Zartbitterschokolade (70 % Kakao), gehackt und gut gekühlt

Dieses Minze-Basilikum-Eis ist nicht zu vergleichen mit dem klassischen Pfefferminzeis – und zwar nur in bester Hinsicht. Es ist frisch und fruchtig und blumig und schmeckt, na ja, nach echter Minze eben. Ob eher die Minze oder der Basilikum im Vordergrund steht – oder ob sich die Aromen die Waage halten – kommt darauf an, wie frisch die Kräuter sind. Ganz egal, wie es schmeckt, eines muss man sich auf jeden Fall eingestehen: Besser man verzichtet auf etwas künstliche grellgrüne Farbe, wenn dafür der Geschmack um Längen besser ist.

1. Die Milch in einen Topf geben und bei mittlerer Hitze erwärmen. Wenn sie beginnt, am Rand Bläschen zu werfen, Minze und Basilikum dazugeben, den Topf vom Herd nehmen und die Mischung abgedeckt etwa 30 Minuten ziehen lassen.

2. Die Mischung durch ein feines Sieb in eine kleine Schüssel passieren, dabei die Minze- und Basilikumblättchen gut ausdrücken. Die aromatisierte Milch wieder in den Topf geben, 240 g Sahne dazugeben und die Mischung bei mittlerer Hitze erwärmen.

3. In der Zwischenzeit Zucker und Eigelbe in eine Schüssel geben, schaumig schlagen und dann nach und nach 120 ml der warmen Milch-Sahne-Mischung unterrühren.

4. Die Mischung zusammen mit der übrigen Sahne in den Topf mit der übrigen Milch-Sahne-Mischung geben und verrühren.

5. Die Mischung bei mittlerer Hitze 3–5 Minuten unter ständigem Rühren erwärmen, aber nicht kochen lassen. Sobald die Masse leicht eindickt, den Topf vom Herd nehmen und die Eisbasis im Kühlschrank mindestens 4 Stunden oder noch besser über Nacht durchkühlen lassen.

6. Die gekühlte Eisbasis in die Eismaschine geben und nach Gebrauchsaweisung zu einem cremigen Eis rühren lassen. Kurz vor Ende der Gefrierzeit die Schokosplitter dazugeben.

Erste Hilfe bei gestockter Eisbasis

Wenn die Eisbasis »stockt«, also zu heiß wird und dadurch gerinnt, die Mischung in einen Standmixer (Oder einen Pürierstab verwenden!) geben, cremig aufschlagen, durch ein feines Sieb passieren und dann wie im Rezept angegeben fortfahren. Die Konsistenz ist vielleicht nicht ganz dieselbe, aber wollen wir wetten, dass das hinterher keinem mehr auffällt?

Zimtschneckeneis mit Frischkäseswirl

Ergibt etwa 950 g | Von Cristina Sciarra

Für das Zimtschneckeneis

4 TL Speisestärke

475 ml Milch

45 g Frischkäse (Zimmertemperatur)

⅛ TL Salz

300 g Sahne

65 g Zucker

75 g brauner Zucker

20 g Magermilchpulver

2 EL heller Maissirup

1 EL brauner Rum

2 TL gemahlener Zimt

1 Vanilleschote, der Länge nach halbiert und das Mark herausgekratzt

1 TL Vanilleextrakt

½ TL Trockenhefe

Für den Frischkäseswirl

115 g Frischkäse (Zimmertemperatur)

50 g brauner Zucker

2 EL hartes Kokosöl

2 TL gemahlener Zimt

1 TL Vanilleextrakt

Es gibt Gerichte, wie Pizza, Tacos oder Bagel, die sind so gut, dass sie fast danach verlangen, in allen möglichen Varianten gegessen zu werden – dazu gehören auch Zimtschnecken! Dieses Eis ist das Ergebnis einer »nicht klassischen« Zubereitung: brauner Zucker, der klassische Zuckerguss hier als Frischkäseswirl und eine ordentliche Portion Vanille – sogar der Hefegeschmack ist da! Besonders angetan hat es uns die Affogato-Version: Einen starken Kaffee aufbrühen und eine Kugel Zimtschneckeneis hineingeben!

1. Speisestärke und 2 EL Milch in eine kleine Schüssel geben und kräftig verrühren. Den Frischkäse mit dem Salz glatt rühren.

2. Sahne, die übrige Milch, Zucker, braunen Zucker, Magermilchpulver, Maissirup, Rum und Zimt in einen großen Topf geben und gut verrühren. Vanillemark, -schote und -extrakt unterrühren. Die Mischung bei mittlerer Hitze zum Kochen bringen und dann 4 Minuten köcheln lassen (Das Timing ist hier wichtig!). Die Mischung vom Herd nehmen und die Speisestärke-Milch-Mischung unterrühren, den Topf wieder auf den Herd geben und die Mischung unter ständigem Rühren bei mittlerer Hitze etwa 2 Minuten köcheln lassen, bis sie leicht eindickt. Vom Herd nehmen und die Vanilleschote beigeben.

3. Die heiße Mischung vorsichtig in die Schüssel mit dem Frischkäse geben und verrühren. Die Mischung anschließend durch ein feines Sieb in eine Schüssel streichen und im Kühlschrank mindestens 4 Stunden oder noch besser über Nacht durchkühlen lassen. Dann die Hefe unterrühren.

4. Die gekühlte Eisbasis in die Eismaschine geben und nach Gebrauchsanweisung zu einem cremigen Eis rühren lassen.

5. Für den Frischkäseswirl Frischkäse, braunen Zucker, Kokosöl, Zimt und Vanilleextrakt in eine Schüssel geben und glatt rühren. Eis und Frischkäsemischung abwechselnd in einen Behälter löffeln und zum Schluss mit einer Gabel durchziehen, sodass eine leichte Marmorierung entsteht.

Affogato mal anders

Unsere Managerin Bridget Williams liebt Affogatos – allerdings nicht klassisch mit Kaffee und Vanilleeis, sondern mit Earl-Grey-Tee und Vanilleeis! Und wie jede gute Vorgesetzte ermutigt sie uns, zu experimentieren. Was sich also noch für einen Affogato eignet? So einiges! Rooibos-Tee und Himbeereis (Seite 63), Matchatee und Basilikum-Perillo-Gelato (Seite 89), Pfefferminztee und Gurken-Sherbet (Seite 140), Schwarztee und Apfel-Lorbeer-Eis (Seite 107) und Kamillentee und Kirschsorbet (Seite 92) – um nur einige Kombinationen zu nennen!

Dunkles Schokoladen-Rosmarin-Eis

Ergibt etwa 950 g | Von Posie Harwood

355 ml Milch

355 g Sahne

150 g Zucker

10 g frischer Rosmarin, gehackt

¼ TL Salz

1 Vanilleschote, der Länge nach halbiert und das Mark herausgekratzt, oder 1 TL Vanilleextrakt

20 g ungesüßtes Kakaopulver

4 Eigelb

170 g Zartbitterschokolade (70 % Kakao), sehr fein gehackt

Pfefferminzeis ist der einzige klassische Eisgeschmack, bei dem Schokolade auf Kräuter trifft. Warum eigentlich? Posie verwendet statt Minze Rosmarin – und das Ergebnis ist dieses köstliche Eis. Es ist herrlich schokoladig, schmeckt intensiv nach Rosmarin und passt perfekt zu einem Glas gutem Rotwein oder einer Tasse Kaffee. Nach dem gleichen Prinzip lassen sich auch andere Kombinationen zu Eis verwandeln: Thymian/Orange, Majoran/Erdbeere, Oregano/Olivenöl und, und, und!

1. Milch, Sahne, Zucker, Rosmarin, Salz und Vanillemark in einen großen Topf geben und verrühren. Die Mischung bei mittlerer Hitze unter gelegentlichem Rühren erwärmen, dann vom Herd nehmen und abgedeckt etwa 30 Minuten ziehen lassen.

2. Die aromatisierte Mischung durch ein feines Sieb in einen Topf passieren, den Rosmarin beiseitegeben, und die Mischung bei mittlerer Hitze aufkochen lassen, dann vom Herd nehmen und das Kakaopulver unterrühren.

3. Die Eigelbe in eine kleine Schüssel geben und schaumig schlagen. Nach und nach 120 ml der warmen aromatisierten Mischung unterrühren. Die Mischung zur übrigen Milch-Sahne-Mischung in den Topf geben und alles bei mittlerer Hitze köcheln – aber nicht kochen! – lassen, bis die Mischung leicht eindickt. Die Eisbasis vom Herd nehmen und die gehackte Schokolade unterrühren.

4. Die Eisbasis im Kühlschrank mindestens 4 Stunden oder noch besser über Nacht durchkühlen lassen. Die gekühlte Eisbasis in die Eismaschine geben und nach Gebrauchsanweisung zu einem cremigen Eis rühren lassen.

Der Klassiker unter den Saucen: Hot Fudge

Unsere Userin Emily Connor liebt die Hot-Fudge-Milchshakes von *Dairy Queen*, also hat sie (inspiriert von einem *Gourmet*-Rezept) beschlossen, ihre eigene Hot-Fudge-Variante zu kreieren. Und hier ist sie! 85 g fein gehackte Zartbitterschokolade, 20 g ungesüßtes Kakaopulver, 50 g braunen Zucker, 120 ml Zuckerrübensirup und 160 g Sahne in einen schweren Topf geben und bei mittlerer Hitze unter Rühren erwärmen, bis die Schokolade geschmolzen ist. Die Mischung bei geringer Hitze unter gelegentlichem Rühren weitere 5 Minuten köcheln lassen, dann vom Herd nehmen und weitere 85 g gehackte Zartbitterschokolade, 2 EL Butter in Flöckchen, 2 TL Vanilleextrakt und eine Prise Salz unterrühren. Das schokoladig-karamellige Hot Fudge über Eis träufeln oder aus gleichen Teilen Eis, Milch und Hot Fudge einen echten Dairy-Queen-Milchshake mixen! Abgekühlt und gut verschlossen hält sich das Hot Fudge im Kühlschrank bis zu eine Woche.

Grasshopper-Eisquadrate

Ergibt 24 Eisquadrate | Von Cristina Sciarra

Für den Keksboden

495 g Schokoladenkekse, zerbröselt

110 g flüssiges Kokosöl

Für das Fudge

100 g Zartbitterschokolade (70 % Kakao), in Stücke gebrochen

2 EL gesalzene Butter

20 g ungesüßtes Kakaopulver

50 g Zucker

55 g brauner Zucker

1 TL Speisestärke

240 g Sahne

2 EL heller Maissirup

2 EL Crème de Cacao (Kakaolikör)

2 EL Crème de Menthe (Pfefferminzlikör)

Für das Grasshopper-Eis

1 Dose gesüßte Kondensmilch (400 g)

60 ml Crème de Menthe (Pfefferminzlikör)

60 ml weißer Crème de Cacao (Mit braunem Kakaolikör wird das Eis nicht so schön grün!)

475 g Sahne, gut gekühlt

Schokoladenstreusel, -sauce oder -raspel zum Dekorieren

Diese hellgrünen Eisquadrate sehen zwar unschuldig aus, haben es aber in sich – und sind damit perfekt für einen Erwachsenengeburtstag! Warum? Inspiriert sind sie von dem berühmten Grasshopper-Cocktail – und dementsprechend kommt sowohl ins Fudge als auch ins Eis Kakao- und Pfefferminzlikör. Außerdem schmilzt das ohne Eismaschine zubereitete Eis nicht so schnell – das gewonnene Zeitfenster von 25 Minuten reicht locker, um Happy Birthday zu singen und Kerzen auszupusten! Für den Keksboden eignen sich so gut wie alle Arten von Schokoladenkeksen – von selbst gemachtem Schokoladen-Shortbread bis zu herkömmlichen gekauften Schokokeksen.

1. Für den Keksboden die zerbröselten Schokoladenkekse und das Kokosöl in eine Schüssel geben und vermischen. Eine rechteckige Backform (23 × 33 cm) mit Backpapier auslegen, dabei das Backpapier an den langen Seiten der Form großzügig überstehen lassen.

2. Die Keksbrösel gleichmäßig in der Form verteilen, mit den Händen gut festdrücken und anschließend etwa 30 Minuten im Tiefkühlfach fest werden lassen.

3. Für das Fudge einen Topf etwa 2 cm hoch mit Wasser füllen und bei mittlerer Hitze aufsetzen. Die Schokoladenstücke und die Butter in eine hitzebeständige Schüssel geben und über dem Wasserbad schmelzen. Sobald die Schokolade geschmolzen ist, die Schüssel vom Wasserbad nehmen und die Mischung glatt rühren.

4. Kakaopulver, Zucker, braunen Zucker, Speisestärke, Sahne, Maissirup, Crème de Cacao und Crème de Menthe in einen Topf geben und gut verrühren. Die Mischung bei mittlerer Hitze unter gelegentlichem Rühren etwa 15 Minuten köcheln lassen, bis sie leicht andickt. Den Topf vom Herd nehmen und die Schokoladen-Butter-Mischung unterrühren. Das fertige Fudge anschließend etwa 30 Minuten abkühlen lassen. (Luftdicht verschlossen hält sich das Fudge im Kühlschrank bis zu 2 Wochen.)

5. Das abgekühlte Fudge auf dem Keksboden verteilen und die Backform anschließend nochmals 15 Minuten ins Tiefkühlfach geben, bis das Fudge fest geworden ist.

6. Für das Grasshopper-Eis Kondensmilch, Crème de Menthe und Crème de Cacao in eine große Schüssel geben und verrühren.

FORTSETZUNG SIEHE NÄCHSTE SEITE

7. Die Sahne in eine zweite Schüssel geben und mit dem Handrührgerät auf mittlerer Stufe 6–8 Minuten steif schlagen.

8. Einige Löffel geschlagene Sahne unter die Kondensmilchmischung rühren, dann die übrige geschlagene Sahne vorsichtig unterheben. Jetzt nicht mehr zu viel rühren, sonst geht die Luftigkeit verloren!

9. Die Eisbasis auf dem Fudge verteilen und mit einem Löffel glatt streichen. Den fertigen Grasshopper-Eiskuchen mindestens 5 Stunden oder noch besser über Nacht im Tiefkühlfach frieren lassen.

10. Den Kuchen mithilfe des überstehenden Backpapiers vorsichtig aus der Form heben, mit Schokoladenstreuseln, -sauce oder -raspeln dekorieren und zum Servieren in etwa 5 cm große Quadrate schneiden.

Karottenkuchen-Eis

Ergibt großzügige 950 g | Von Cristina Sciarra

Für die Karotten

340 g Karotten

3 EL brauner Zucker

2 EL Butter

1 TL geriebener frischer Ingwer

1 TL Vanilleextrakt

1 TL gemahlener Zimt

¼ TL gemahlene Muskatnuss

Für die Rumrosinen

2 EL brauner Rum

50 g Rosinen

Für die karamellisierten Walnüsse

75 g Walnüsse

1 EL Eiweiß

1 EL brauner Zucker

Für die Eisbasis

300 g Sahne

175 ml Milch

20 g Magermilchpulver

125 g Zucker

4 Eigelb

240 g Mascarpone (Zimmertemperatur)

115 g Frischkäse (Zimmertemperatur)

1 EL brauner Rum

1 TL Vanilleextrakt

Bei einem guten Karottenkuchen treffen unterschiedlichste Aromen aufeinander: die namensgebenden Karottenraspel oder -stückchen, Nüsse, Rosinen, und manchmal sogar Ananasstückchen, Kokosraspel und Schokoladensplitter. Und nicht zu vergessen das Frischkäse-Frosting! Daher ist auch irgendwie jedes Rezept ein bisschen anders, nur eins bleibt gleich: Eigentlich kann niemand Karottenkuchen widerstehen.

Dieses Eis schafft die perfekte Balance: Ohne Ablenkung durch saftigen Teig kommen die warmen Gewürze bestens zur Geltung, und das ohne den in Rum eingelegten Rosinen und den gerösteten Walnüssen die Show zu stehlen. Und der Frischkäse kommt ebenfalls direkt in die Eisbasis, die so herrlich cremig wird – als würde man mit jedem Bissen das Kuchenstück mit dem meisten Frosting erwischen!

1. Die Karotten grob raspeln und mit Zucker, Butter, Ingwer, Vanilleextrakt, Zimt, Muskatnuss und 120 ml Wasser in einen schweren Topf geben. Die Mischung ohne Deckel bei mittlerer Hitze unter gelegentlichem Rühren etwa 20 Minuten köcheln lassen, bis die Karotten weich sind. Bei Bedarf mehr Wasser dazugeben.

2. Für die Rumrosinen 120 ml Wasser und den Rum in einen Topf geben und bei mittlerer Hitze erwärmen. Die Mischung vom Herd nehmen, die Rosinen dazugeben und abgedeckt etwa 30 Minuten einweichen lassen. (Im Kühlschrank halten sich die fertigen Rumrosinen so bis zu 3 Wochen.) Vor der Weiterverarbeitung abgießen und die Flüssigkeit wegschütten.

3. Für die karamellisierten Walnüsse den Backofen auf 175 °C vorheizen. Walnüsse, Eiweiß und braunen Zucker auf ein Backblech geben und gut vermischen. Die Walnüsse etwa 10 Minuten backen, bis sie goldbraun sind (Dabei auf keinen Fall aus den Augen lassen!). Die karamellisierten Walnüsse abkühlen lassen und dann grob hacken. (In einem Zippbeutel halten sich die karamellisierten Walnüsse bei Zimmertemperatur bis zu 2 Tage.)

4. Für die Eisbasis Sahne, Milch, Magermilchpulver und 100 g Zucker in einen Topf geben, verrühren, bei mittlerer Hitze einmal aufkochen lassen und dann wieder vom Herd nehmen.

5. Eigelbe und den übrigen Zucker in eine zweite Schüssel geben und etwa 30 Sekunden schaumig schlagen. Nach und nach die Sahne-Milch-Mischung dazugeben und gut verrühren.

FORTSETZUNG SIEHE NÄCHSTE SEITE

6. Die Mischung zurück in den Topf geben und bei geringer Hitze unter gelegentlichem Rühren köcheln lassen, bis sie leicht eindickt.

7. Die Karottenmischung, die Mascarpone, den Frischkäse, den Rum und das Vanilleextrakt dazugeben. Die Mischung mit einem Pürierstab etwa 1 Minute glatt mixen, dann 30 Minuten ziehen lassen und schließlich durch ein feines Sieb in eine Schüssel streichen. Die Eisbasis mindestens 4 Stunden oder noch besser über Nacht im Kühlschrank durchkühlen lassen.

8. Die gekühlte Eisbasis in die Eismaschine geben und nach Gebrauchsanweisung zu einem cremigen Eis rühren lassen. 2 Minuten vor Ende der Gefrierzeit die Rumrosinen und die karamellisierten Walnüsse dazugeben.

Warum kommt Magermilchpulver ins Eis?

Viele Eisrezepte enthalten Milch, die eigentlich zu 90 % aus Wasser besteht, und/oder Sahne, die eigentlich zu 60 % aus Wasser besteht. In der Eismaschine friert das enthaltene Wasser und das Ergebnis ist Eis. Enthält die Eisbasis allerdings zu viel Wasser, bilden sich Eiskristalle und das Eis wird körnig. Und das ist der große Auftritt des Magermilchpulvers: Es saugt alles überflüssige Wasser, das Ihre Pläne für cremiges Eis zu durchkreuzen droht, auf! Magermilchpulver immer an einem dunklen, kühlen Ort oder noch besser im Kühlschrank aufbewahren – auch in Pulverform ist und bleibt es eben ein Milchprodukt und will dementsprechend behandelt werden!

Apfel-Lorbeer-Eis

Ergibt etwa 1400 g | Von Cristina Sciarra

1 großer Apfel (z. B. Granny Smith), in Stücke geschnitten

140 g Zucker

80 ml Apfelsaft

475 g Sahne

240 ml Milch

35 g Magermilchpulver

4 Eigelb

1 getrocknetes Lorbeerblatt

Wie erhält man ein Eis, das selbst am heißesten Sommertag angenehm kuschlige Herbststimmung verbreitet? Gebackene Äpfel sind das Stichwort! Also landen hier süße gebackene Äpfel – und ein Lorbeerblatt für ein leicht erdiges Aroma – in einer cremig-milchigen Eisbasis. Nur ein Bissen reicht, um sich gedanklich in einen frischen Blätterhaufen zu werfen und die warme Herbstsonne zu spüren.

1. Den Backofen auf 220 °C vorheizen. Die Apfelstücke, 2 EL Zucker und den Apfelsaft in eine kleine Auflaufform geben und alles gut vermischen. Die Apfelstücke etwa 25 Minuten backen, bis sie weich sind. Die Form aus dem Ofen nehmen und die Apfelstücke mit einer Gabel zerdrücken.

2. Sahne, Milch, Magermilchpulver und 100 g Zucker in einen Topf geben und verrühren. Die Mischung bei mittlerer Hitze einmal aufkochen lassen und dann vom Herd nehmen.

3. Eigelbe und den übrigen Zucker in eine Schüssel geben und etwa 1 Minute schaumig schlagen. Nach und nach die Sahne-Milch-Mischung dazugeben und gut verrühren.

4. Die Mischung zurück in den Topf geben und bei geringer Hitze unter gelegentlichem Rühren köcheln lassen, bis sie leicht eindickt.

5. Das Apfelpüree und das Lorbeerblatt zur Eisbasis geben und unterrühren. Die Mischung etwa 40 Minuten ziehen lassen und dann durch ein feines Sieb in eine Schüssel streichen. Die Eisbasis im Kühlschrank mindestens 4 Stunden oder noch besser über Nacht durchkühlen lassen.

6. Die gekühlte Eisbasis in die Eismaschine geben und nach Gebrauchsanweisung zu einem cremigen Eis rühren lassen.

Genialer Tipp: Croûtons als Topping

Dass sogar verbrannter Toast im Eis schmeckt, werden Sie noch herausfinden (Seite 148) – Brot auf Eis (oder andersherum!) geht aber auch! Brooks Headley, die Autorin von *Brooks Headley's Fancy Desserts*, kombiniert erfolgreich geröstete, leicht gesüßte Brotwürfel mit cremigem Gelato – und so geht's: Einen Laib Brot der Länge nach halbieren, das Innere herausschneiden, in mundgerechte Bissen reißen und auf ein Backblech geben. Zucker, Salz und Olivenöl dazugeben und alles gut vermischen. Die Brotstücke bei 175 °C etwa 20 Minuten backen, bis sie schön kross sind, dabei einmal zwischendurch umrühren. Die Croûtons schmecken köstlich als Topping (oder Bett) für wirklich jedes Eis!

Horchata-Eis

Ergibt etwa 950 g | Von Cristina Sciarra

- 3 EL weißer Langkornreis
- 70 g geschälte Mandeln
- 1 Zimtstange
- 355 g Sahne
- 150 g Zucker
- 35 g Magermilchpulver
- ½ TL gemahlener Zimt
- 4 Eigelb

Der erste Bissen dieses von der Horchata, einem in Spanien, Mexiko und Ecuador beliebten Erfrischungsgetränk aus zerstampften, zerdrückten Früchten, Nüssen oder Samen, inspirierten Eises ist vielleicht etwas ungewohnt – aber spätestens nach dem zweiten Bissen können auch Sie sicher nicht mehr genug bekommen. Hier halten wir uns an das traditionelle mexikanische Rezept und verwenden für die Eisbasis Reis, Mandeln und Zimt.

1. Den Reis in einer Gewürz- oder Kaffeemühle zu feinem Pulver mahlen. Reispulver, Mandeln, die Zimtstange und 355 ml kochendes Wasser in eine Schüssel geben, umrühren und abgedeckt über Nacht ziehen lassen. Am nächsten Tag die Zimtstange herausnehmen, die Reis-Mandel-Milch mit 240 ml Wasser im Standmixer etwa 2–3 Minuten pürieren und anschließend durch einen Nussmilchbeutel oder ein Passiertuch streichen.

2. 355 ml der Reis-Mandel-Milch in einen Topf geben (Den Rest gut gekühlt genießen!). Sahne, 100 g Zucker, Magermilchpulver und den Zimt dazugeben und die Mischung bei mittlerer Hitze unter gelegentlichem Rühren erwärmen, bis sich der Zucker aufgelöst hat.

3. Die Eigelbe und den übrigen Zucker in eine Schüssel geben und etwa 30 Sekunden schaumig schlagen, dann nach und nach die Reis-Mandel-Sahne-Mischung unterziehen.

4. Die Mischung zurück in den Topf geben und bei geringer Hitze unter gelegentlichem Rühren köcheln lassen, bis sie leicht eindickt. Die Eisbasis durch ein feines Sieb in eine Schüssel streichen und mindestens 4 Stunden oder noch besser über Nacht im Kühlschrank durchkühlen lassen.

5. Die gekühlte Eisbasis in die Eismaschine geben und nach Gebrauchsanweisung zu einem cremigen Eis rühren lassen.

Der klassische Sundae

Ein klassischer amerikanischer Sundae ist nicht einfach ein Eisbecher mit allen möglichen Extras – weniger ist mehr! Als Sauce eignet sich Schokoladensauce oder Ganache (Seite 14), Karamellsauce (Seite 85), Toffee-Sauce (Seite 19) oder Konfitüre. Dazu kommt ein cremiges Topping – beispielsweise Schlagsahne oder Marshmallow-Creme – und dann die klassischen Toppings wie Zuckerstreusel (Seite 4), gehackte geröstete Nüsse, frische Früchte, Baiserstückchen, Schokoriegelstücke oder Schokosplitter. In Amerika gibt es sogar extra Sundae-Eisbecher (sogenannte *sundae boats*), aber auch eine kleine Schüssel oder ein Whiskeyglas eignen sich zum Servieren. Ein oder zwei Kugeln Vanilleeis, dann die Sauce und dann abwechselnd cremiges und klassisches Topping – so und nicht anders wird ein Sundae serviert.

Die mit Tee, Kaffee & Alkohol

Chai-Tee-Granita

Ergibt 10 großzügige Portionen | Von Cristina Sciarra

- 200 g Zucker
- 5 Beutel Schwarztee (am besten Ceylon Orange Pekoe)
- 2 Sternanis
- 2 grüne Kardamomkapseln, zerdrückt
- 2 Gewürznelken
- 2 TL Orangenblütenwasser
- gesüßte Kondensmilch

Wenn man irgendwo Chai-Tee bestellt, bekommt man meistens ein Getränk, das aus einer Fertigmischung aus Teeblättern, Gewürzen und Lebensmittelfarbe aufgebrüht wird. Diese eisige Chai-Variante ist nicht annähernd so süß, sondern herrlich erfrischend, schmeckt intensiv nach Tee und Gewürzen und kann ganz nach Geschmack verfeinert werden – mehr Vanille, kein Anis, etwas Zimt!? Um dem Original Chai-Tee noch näher zu kommen, einfach ein oder zwei Löffel Kondensmilch über die fertige Granita geben – sahnig und zugleich herrlich erfrischend!

1. 1,9 l Wasser in einen großen Topf geben und zum Kochen bringen. Den Zucker dazugeben und umrühren, bis er sich aufgelöst hat, dann den Topf vom Herd nehmen und Teebeutel, Sternanis, Kardamom, Gewürznelken und Orangenblütenwasser dazugeben. Die Mischung 45–60 Minuten ziehen lassen, dann durch ein Sieb gießen und die Teebeutel und die Gewürze beiseitegeben. Den fertigen Tee mindestens 3 Stunden im Kühlschrank durchkühlen lassen. Gut gekühlt hält sich der Chai-Eistee etwa 3 Tage.

2. Den kalten Tee in eine große Auflaufform oder auf ein Backblech gießen und 4–5 Stunden im Tiefkühlfach frieren lassen, dabei jede Stunde einmal mit einer Gabel durchrühren, bis der Tee gefroren ist. (Im Tiefkühlfach hält sich die fertige Granita locker mehrere Wochen!)

3. Zum Servieren einige Löffel Granita in ein Glas oder eine kleine Schale geben und mit 2 EL gesüßter Kondensmilch beträufeln.

Tee-Variation

Diese Granita lässt sich übrigens mit jeder Teesorte zubereiten: Einfach 240 ml Tee (Schwarztee, Earl Grey, Grüntee, Kräutertee oder, oder, oder) aufbrühen und abkühlen lassen. 3 EL Zucker und 2 EL frisch gepressten Zitronensaft vermischen und zum Tee geben. Den Tee in eine Auflaufform oder auf ein Backblech gießen und wie oben beschrieben frieren lassen. Alice Medrich empfiehlt, statt Chai-Tee frisch gemahlenen Kaffee zu verwenden und die Mischung nur 5 Minuten ziehen zu lassen. Ein, zwei Löffel Kondensmilch dazu – und heraus kommt vietnamesische Kaffee-Granita!

Vanille-Rooibos-Gelato

Ergibt etwa 950 g | Von Cristina Sciarra

475 ml Milch

240 g Sahne

20 g Magermilchpulver

110 g Zucker

1½ EL heller Maissirup

5 Eigelb

1 EL Vanilleextrakt

30 g loser Rooibos-Vanille-Tee oder den Inhalt von 15 Teebeuteln

Der Unterschied zwischen Eis und Gelato ist, dass zweiteres weniger Butterfett enthält (4–9 % im Gegensatz zu 14–25 %) und bei industrieller Herstellung in der Eismaschine länger Zeit hat, um zu frieren, wodurch weniger Luft untergerührt wird und das Gelato umso cremiger wird. Gelato ist damit die perfekte Basis für den milden roten Rooibos, eine aromatische süfafrikanische Teesorte.

Rooibos-Tee schmeckt herrlich süß und leicht erdig (erinnert irgendwie an rote Bohnen und Süßkartoffeln) und zugleich blumig (ohne seifig zu schmecken – also mehr in Richtung Honig als in Richtung Lavendel), schmeckt auch pur super und ist als Eis genau das Richtige zu einem Stück Obstkuchen.

1. Milch, Sahne, Magermilchpulver, 100 g Zucker und Maissirup in einen Topf geben, verrühren, bei mittlerer Hitze einmal aufkochen lassen und dann wieder vom Herd nehmen.

2. Eigelbe und den übrigen Zucker in eine kleine Schüssel geben und etwa 30 Sekunden schaumig schlagen. Nach und nach die Milch-Sahne-Mischung dazugeben und unterrühren.

3. Die Mischung zurück in den Topf geben und bei geringer Hitze unter gelegentlichem Rühren köcheln lassen, bis sie leicht eindickt.

4. Vanilleextrakt und Tee dazugeben und unterrühren. Die Mischung etwa 40 Minuten ziehen lassen und dann durch ein feines Sieb in eine Schüssel streichen. Die Gelatobasis mindestens 4 Stunden oder noch besser über Nacht im Kühlschrank durchkühlen lassen.

5. Die Gelatobasis in die Eismaschine geben und zu einem cremigen Gelato rühren lassen.

Kaffee-Cremeeis

Ergibt etwa 950 g | Von Cristina Sciarra

- 300 g Sahne
- 175 ml Milch
- 20 g Magermilchpulver
- 75 g Zucker
- 3 EL heller Maissirup
- 6 Eigelb
- 1½ EL Espressopulver
- 1 TL Vanilleextrakt

Cremeeis muss sämig und dick und zugleich weich und cremig sein – sozusagen der Inbegriff von üppig und köstlich – und sollte direkt aus der Eismaschine serviert werden, damit es in Temperatur und Konsistenz einem Gelato ähnelt. Wird dieses Kaffee-Cremeeis (das an einen richtig cremigen Frappucino erinnert) im Tiefkühlfach aufbewahrt, wird es fest und ist von einem normalen Kaffee-Eis nicht mehr zu unterscheiden – und wer will schon normal, wenn man extra cremig haben kann? Als Topping empfehlen wir Zartbitterschokoladespäne, Schokobrezeln (Seite 23) oder zerstoßene Espressobohnen.

1. Sahne, Milch, Magermilchpulver, 50 g Zucker und Maissirup in einen Topf geben, verrühren, bei mittlerer Hitze einmal aufkochen lassen und dann vom Herd nehmen.

2. Die Eigelbe und den übrigen Zucker in eine Schüssel geben und etwa 1 Minute schaumig schlagen. Nach und nach die Sahne-Milch-Mischung dazugeben und gut verrühren.

3. Die Mischung zurück in den Topf geben und bei geringer Hitze unter gelegentlichem Rühren köcheln lassen, bis sie leicht eindickt.

4. Espressopulver und Vanilleextrakt dazugeben, die Mischung etwa 30 Minuten ziehen lassen und dann durch ein feines Sieb in eine Schüssel streichen. Die Cremeeisbasis im Kühlschrank mindestens 5 Stunden oder noch besser über Nacht durchkühlen lassen.

5. Die gekühlte Cremeeisbasis in die Eismaschine geben und nach Gebrauchsanweisung zu einem cremigen Eis rühren lassen.

6. Das Cremeeis am besten sofort servieren oder höchstens 2 Stunden im Tiefkühlfach aufbewahren – länger und die Cremeeis-Konsistenz weicht normaler Eiskonsistenz!

Genialer Tipp: Eis zum Frühstück – ohne schlechtes Gewissen

Hier ein paar kleine Tricks, um Eis ohne schlechtes Gewissen auch schon zum Frühstück genießen zu können. David Lebovitz empfiehlt beispielsweise, Schokoladeneis und Espresso zu mixen – das ergibt einen köstlichen Caffè mocha. Oder machen Sie es wie die Australier: Heißen oder kalten Espresso, eine Handvoll Eiswürfel und eine Kugel Vanilleeis in ein großes Glas geben, nach Geschmack einen Schuss Milch dazugeben, umrühren und mit einem großzügigen Klecks Schlagsahne servieren.

Earl-Grey-Eis mit Brombeerswirl

Ergibt etwa 950 g | Von Elina Cohen

45 g Frischkäse (Zimmertemperatur)

⅛ TL Meersalz

1½ EL Speisestärke

475 ml fettarme Milch

300 g Sahne

100 g Zucker

1½ EL heller Maissirup

2 EL hochwertiger offener Earl-Grey-Tee

1 EL Wodka

80 g Brombeerkonfitüre – oder mehr, ganz nach Geschmack!

Diese Eisvariante dürfte selbst die Queen begeistern, denn sie schmeckt köstlich nach »typisch englischem« Earl-Grey-Tee. Was das heißt? Intensive Zitronen- und Bergamottaromen! Und die leicht bitteren Teearomen werden durch den fruchtigen Blaubeerswirl wie weggezaubert. Der Swirl besteht aus Konfitüre und nicht aus frischen Brombeeren, daher kann das Eis auch ohne Probleme außerhalb der Brombeersaison zubereitet werden. Und natürlich eignet sich jede Konfitüre für den Swirl – probieren Sie Feigen-, Orangen- oder Sauerkirschkonfitüre!

1. Frischkäse und Salz in eine Schüssel geben und mit einer Gabel glatt rühren. Speisestärke und 2 EL Milch in eine kleine Schüssel geben und gut verrühren.

2. Die übrige Milch, Sahne, Zucker und Maissirup in einen Topf geben und bei mittlerer Hitze unter ständigem Rühren etwa 4 Minuten köcheln lassen. Die Mischung vom Herd nehmen, die Speisestärke-Milch-Mischung unterrühren, den Topf wieder auf den Herd stellen und die Mischung unter ständigem Rühren eine weitere Minute köcheln lassen, bis sie leicht eindickt. Die Teeblätter dazugeben und die Mischung etwa 5 Minuten ziehen lassen.

3. 60 ml der heißen Milch-Sahne-Mischung in die Schüssel mit dem Frischkäse geben und alles zu einer glatten Masse verrühren. Dann die übrige Milch-Sahne-Mischung dazugeben und unterrühren.

4. Die Eisbasis im Kühlschrank mindestens 4 Stunden oder noch besser über Nacht durchkühlen lassen.

5. Die Eisbasis durch ein feines Sieb in eine mittelgroße Schüssel streichen, die Teeblätter beiseitegeben. Den Wodka unterrühren.

6. Die Eisbasis in die Eismaschine geben und nach Gebrauchsanweisung zu einem cremigen Eis rühren lassen.

7. Einen möglichst flachen, verschließbaren Glasbehälter mit Frischhaltefolie auslegen, dabei die Folie an den Seiten großzügig überstehen lassen. Einige Löffel Eis hineingeben und mit Konfitüre beträufeln. So nach und nach Eis und Konfitüre in den Behälter schichten. Das Eis mit der überstehenden Frischhaltefolie abdecken und im Tiefkühlfach aufbewahren.

8. Das Eis vor dem Servieren einige Minuten antauen lassen und dann mit einer Gabel durchziehen, sodass eine leichte Marmorierung entsteht – hallo, Brombeerswirl!

Mud Pie mit Biereis

Ergibt 8–10 Portionen | Von Cristina Sciarra

Für den Keksboden

280 g Schokoladenkekse

2 EL Puderzucker

1 EL Mehl

1 EL Espressopulver

¼ TL Salz

60 g geschmolzene Butter

3 TL flüssiges Kokosöl

100 g Zartbitterschokolade (70 % Kakao), gehackt

Für die Schokoladensahne

3 EL ungesüßtes Kakaopulver

2 EL Zucker

355 g Sahne, gut gekühlt

Für das Biereis

750 ml Lindemans Framboise (oder ein anderes süß-fruchtiges, leichtes Bier)

1 Dose gesüßte Kondensmilch (400 g)

1 EL ungesüßtes Kakaopulver

475 g Sahne, gut gekühlt

55 g Zartbitterschokolade (70 % Kakao) oder Kakaonibs zum Garnieren

Es gibt *Mississippi Mud Pie* – Schokoladenmürbeteig mit Schokoladenfüllung und Schlagsahne – und es gibt *Mud Pie* – Schokoladenmürbeteig mit Kaffee-Eis und reichlich Karamellsauce. Angeblich wurde diese Variante 1957 in San Francisco von der Restaurantbesitzerin Joanna Droeger entwickelt, nachdem sie gehört hatte, dass Barbara Streisand und Elliott Gould einen Kühlschrank mit Tiefkühlfach im Schlafzimmer hätten, damit sie jederzeit Kaffee-Eis essen konnten!

Unsere Mud-Pie-Version ist eine Mischung aus diesen beiden Klassikern. Das Ergebnis? Nicht von dieser Welt! Das Eis wird statt mit Kaffee mit Lindemans Framboise, einem süß-fruchtigen, leicht säuerlichen Himbeerbier, zubereitet und ist himmlisch luftig. Ach ja: Auch unser Mud Pie lässt sich ohne Probleme im Bett verspeisen!

1. Für den Keksboden den Backofen auf 175 °C vorheizen und eine Pieform (23 cm Durchmesser) bereitstellen.

2. Die Kekse in der Küchenmaschine etwa 30 Sekunden lang zerkleinern, dann Puderzucker, Mehl, Espressopulver und Salz dazugeben. Bei laufender Küchenmaschine langsam die geschmolzene Butter und 2 TL Kokosöl dazugeben und alles etwa 30 Sekunden gut vermischen. Die Mischung in die Pieform geben und mit den Händen gleichmäßig festdrücken, dabei den Rand hochziehen. Den Keksboden etwa 25 Minuten backen, bis er leicht knusprig ist, und dann mindestens 30 Minuten abkühlen lassen.

3. In der Zwischenzeit einen Topf 4 cm hoch mit Wasser füllen und bei mittlerer Hitze aufsetzen. Das übrige Kokosöl und die gehackte Schokolade in eine große hitzebeständige Schüssel geben und die Mischung über dem Wasserbad schmelzen. Die Schüssel vom Herd nehmen, die Schokoladen-Kokosöl-Mischung gut verrühren und dann auf dem Keksboden und -rand verteilen. Den fertigen Kuchenboden mindestens 1 Stunde kalt stellen.

4. Für die Schokoladensahne Kakaopulver und Zucker in eine große Schüssel geben und gut vermischen. 60 g Sahne dazugeben und verrühren, bis sich Kakaopulver und Zucker aufgelöst haben. Die übrige Sahne dazugeben und mit dem Handrührgerät auf mittlerer Stufe etwa 2 Minuten steif schlagen. Die Schokoladensahne bis zur Weiterverwendung im Kühlschrank aufbewahren. (Sie hält sich etwa einen Tag!)

FORTSETZUNG SIEHE NÄCHSTE SEITE

5. Für das Biereis das Bier in einen weiten Topf geben, bei mittlerer Hitze erhitzen und dann etwa 40 Minuten auf etwa 120 ml einkochen lassen. (Gekühlt hält sich der Biersirup bis zu einem Tag.)

6. Die Kondensmilch in eine große Schüssel geben und den Biersirup und das Kakaopulver unterrühren.

7. Die Sahne in eine zweite große Schüssel geben und mit dem Handrührgerät auf mittlerer Stufe etwa 6–8 Minuten steif schlagen.

8. Einige Löffel geschlagene Sahne zur Kondensmilchmischung geben und unterrühren, dann die übrige Schlagsahne vorsichtig unterheben.

9. Die Eisbasis gleichmäßig auf dem Keksboden verteilen, glatt streichen und mit Frischhaltefolie abdecken. Den Kuchen mindestens 3 Stunden im Tiefkühlfach durchfrieren lassen. Er hält sich so etwa 2 Tage.

10. Vor dem Servieren die Schokoladensahne auf den Kuchen geben: Einfach mit einem Löffel große Kleckse auf den Kuchen setzen oder die Sahne in einen Spritzbeutel füllen und kleine Spiralen auf den Kuchen spritzen. Den fertigen Mud Pie mit Schokoladenspänen – dafür mit einem Gemüseschäler feine Späne von der Schokolade abziehen – oder Kakaonibs bestreut servieren.

Genialer Tipp: Gefrorene Desserts ganz einfach schneiden

Es kommt einem vor wie der Kampf der Giganten: Sie mit Ihrem Messer gegen gefrorene, feste Eiskuchen, -torten und -desserts, die zu schmelzen drohen und schnellstens geschnitten und serviert werden sollen. Zum Glück hat die Konditorin und preisgekrönte (Eis-)Kuchenbäckerin Nicole Rucker aus Los Angeles in *Lucky Peach* da einen »heißen« Tipp für uns: Ein Geschirrtuch mit heißem Wasser anfeuchten und dann ausbreiten. Das zu schneidende Eisdessert daraufsetzen – so rutscht es nicht herum und gleichzeitig wird es von unten leicht angewärmt und löst sich aus der Form – und mit einem in heißem Wasser angefeuchteten Messer schneiden.

Flambierter Bananensplit

Ergibt 6 Portionen | Von Cristina Sciarra

Für das Bananen-Karamell-Eis

175 g Zucker

2 EL gesalzene Butter

415 g Sahne

300 ml Milch

35 g Magermilchpulver

4 Eigelb

1 große, sehr reife Banane, in Scheiben geschnitten

1 EL brauner Rum

1 TL Vanilleextrakt

Für die gerösteten Walnüsse

50 g Walnusskerne

Für die Mascarpone-sahne

160 g Sahne, gut gekühlt

1 EL Zucker

80 g Mascarpone

1 TL Vanilleextrakt

Für die flambierten Bananen

60 g gesalzene Butter

55 g brauner Zucker

1 Vanilleschote, der Länge nach halbiert und das Mark herausgekratzt

6 nicht zu reife Bananen, der Länge nach halbiert

160 ml brauner Rum

Ein Bananensplit ist alles andere als ein zurückhaltendes Dessert – verschiedene Eissorten, geschlagene Sahne, Schokoladensauce, Beeren, Nüsse und ganz obenauf eine Kirsche. Oh, und Bananen natürlich! Die hätten wir fast vergessen. Aber manchmal ist weniger einfach mehr – damit man von all den unterschiedlichen Aromen nicht erschlagen wird –, daher dominieren hier Banane (so wie es sein sollte!), Rum und Sahne.

Das Bananen-Karamell-Eis, die Mascarponesahne und die flambierten Bananen sind noch dazu auch einzeln vielseitig einsetzbar: Die flambierten Bananen machen den trockensten Kuchen saftig, jeder Kuchen schmeckt einfach himmlisch mit einem Klecks Mascarponesahne und das Eis passt perfekt in einen Milchshake (Seite 32).

1. Für das Eis 150 g Zucker und 2 EL Wasser in einen weiten, hohen Topf geben und bei mittlerer Hitze etwa 5 Minuten erwärmen, bis der Zucker goldbraun ist. Den Topf vom Herd nehmen und die Butter und 60 g Sahne unterrühren. Keine Sorge, wenn das fertige Karamell nicht ganz glatt ist, die Eisbasis wird später durch ein Sieb gestrichen!

2. Die übrige Sahne, die Milch und das Magermilchpulver in einen mittelgroßen Topf geben und verrühren. Die Mischung bei mittlerer Hitze einmal aufkochen lassen und dann wieder vom Herd nehmen.

3. Die Eigelbe und den übrigen Zucker etwa 1 Minute kräftig verrühren, dann nach und nach die Milch-Sahne-Mischung unterrühren.

4. Die Mischung zurück in den Topf geben und bei geringer Hitze unter gelegentlichem Rühren köcheln lassen, bis sie leicht eindickt.

5. Das Karamell, die Bananen, den Rum und das Vanilleextrakt dazugeben und die Mischung mit dem Pürierstab etwa 1–2 Minuten mixen. Die Eisbasis etwa 30 Minuten abkühlen lassen, durch ein feines Sieb in eine Schüssel streichen und im Kühlschrank etwa 4 Stunden oder noch besser über Nacht durchkühlen lassen.

6. Die gekühlte Eisbasis in die Eismaschine geben und nach Gebrauchsanweisung zu einem cremigen Eis rühren lassen.

7. Das fertige Eis bis zur Weiterverwendung im Kühlschrank aufbewahren.

FORTSETZUNG SIEHE NÄCHSTE SEITE

8. Für die gerösteten Walnüsse den Backofen auf 175 °C vorheizen. Die Walnüsse auf ein Backblech geben und etwa 10 Minuten im Backofen rösten. Die Nüsse abkühlen lassen und dann grob hacken. (Luftdicht verschlossen halten sich die gerösteten Walnüsse bis zu 4 Tage.)

9. Für die Mascarponesahne Sahne, Zucker, Mascarpone und Vanilleextrakt in eine Schüssel geben und etwa 2 Minuten steif schlagen. (Die Mascarponesahne hält sich im Kühlschrank bis zu 2 Tage.)

10. Für die flambierten Bananen Butter und Zucker in eine große (am besten gusseiserne) Pfanne geben und erwärmen. Vanillemark und -schote dazugeben. Die Mischung unter Rühren bei mittlerer Hitze etwa 3 Minuten köcheln lassen, bis sich der Zucker aufgelöst hat. Die Bananenhälften dazugeben und etwa 3–4 Minuten erwärmen, dann vorsichtig wenden und weitere 3–4 Minuten von der anderen Seite karamellisieren.

11. Die karamellisierten Bananenhälften vom Herd nehmen, den Rum dazugeben und dann mit einem langen Streichholz anzünden. (Wenn die Flamme zu kräftig wird, einfach den Deckel auf die Pfanne setzen.)

12. Das Eis vor dem Servieren 10–15 Minuten antauen lassen. Jetzt geht es ans Anrichten: Entweder einige Löffel Eis direkt in die Pfanne mit den noch leicht warmen flambierten Bananen geben oder eine Kugel Eis in eine kleine Schüssel geben, zwei flambierte Bananenhälften dazugeben, mit der Rumsauce beträufeln, einen Klecks Mascarponesahne daraufsetzen und mit gerösteten Walnüssen bestreut servieren.

Blutorangen-Negroni-Pops

Ergibt 10 Pops | Von Cristina Sciarra

65 g Zucker

475 ml Blutorangensaft (am besten etwa 8 Blutorangen frisch auspressen)

60 ml Gin

60 ml süßer Wermut

60 ml Campari

1 TL Abrieb von 1 Bio-Orange

Bereits nach dem ersten Negroni wollen die meisten mehr – mehr von dieser herrlich fruchtigen, bitteren, leuchtend orangen Köstlichkeit. Und was könnte es Besseres geben als all das mit frischem Blutorangensaft in Eisform (Bild auf Seite iv). Irgendwie ist das fast besser als der »normale« Negroni – tieforange, superintensiv und herrlich erfrischend. Gerüchten zufolge machen drei dieser fruchtigen Eispops einen auf die genau richtige Weise beschwipst – glücklich, aber nicht sturzbetrunken.

1. 175 ml Wasser und den Zucker in eine große Schüssel (wenn möglich mit Ausguss) geben und verrühren, bis sich der Zucker aufgelöst hat. Dann Blutorangensaft, Gin, Wermut, Campari und Orangenabrieb dazugeben und alles gut verrühren.

2. Die Mischung gleichmäßig auf Eisformen verteilen und mindestens 5 Stunden im Kühlschrank gefrieren lassen.

Negroni, Negroni, Negroni

Für einen Frozen Negroni Sbagliato (»sbagliato« heißt so viel wie verkehrt, weil statt Gin Sekt verwendet wird) den Eispop in ein Sektglas mit Prosecco geben. Oder die fertigen Pops in einer Mischung aus Orangenabrieb und Zucker wenden (Abrieb von 1 Bio-Orange vermischt mit 50 g Zucker). Oder wie wäre es mit einer etwas stärkeren Negroni-Granita-Variante? Dafür jeweils 120 ml Gin, Wermut und Campari und nur 300 ml Blutorangensaft in die Eisbasis geben, die fertige Eisbasis in eine Auflaufform geben, frieren lassen und dabei immer wieder mit einer Gabel durchrühren (Seite 113).

Whiskey-Eis mit Whiskey-Kirschen

Ergibt etwa 950 g | Von Angela Brassinga

Für die Whiskey-Kirschen

120 g getrocknete Kirschen, gehackt

120 ml Whiskey

100 g Zucker

Für das Whiskey-Eis

8 Eigelb

200 g Zucker

710 ml Milch

355 g Sahne

1 EL Whiskey

Diese süße Sünde ist inspiriert von einem klassischen Manhattan – eine sahnig-cremige Eisbasis mit Whiskey und Kirschen, eingelegt in, richtig, noch mehr Whiskey! Wir verzichten hier auf den sonst für einen Manhattan üblichen herben Wermut, denn eigentlich ist das, was an einem Manhattan am besten schmeckt, sowieso die leckere, klebrig-süße Cocktailkirsche. Die köstlichen selbst gemachten Whiskey-Kirschen schmecken nicht nur toll zu Whiskey-Eis – sie sind auch perfekt, um andere Eisdesserts und Kreationen abzurunden!

1. Für die Whiskey-Kirschen Kirschen, Whiskey und Zucker bei mittlerer Hitze etwa 7–8 Minuten köcheln lassen, bis die Kirschen weich und die Flüssigkeit zu Sirup eingekocht ist. Die fertigen Whiskey-Kirschen in eine Schüssel geben, umrühren und abkühlen lassen.

2. Für das Whiskey-Eis Eigelbe und Zucker in eine große Schüssel geben und schaumig schlagen.

3. Milch und Sahne in einen großen Topf geben und bei mittlerer Hitze zum Köcheln bringen. Nach und nach die Milch-Sahne-Mischung in die Eigelb-Zucker-Mischung rühren. Die Mischung schließlich wieder zurück in den Topf geben und bei geringer Hitze unter gelegentlichem Rühren etwa 15 Minuten köcheln (nicht kochen!) lassen, bis sie leicht eindickt.

4. Schließlich den Whiskey unterrühren, die Eisbasis durch ein feines Sieb in eine Schüssel streichen und im Kühlschrank mindestens 4 Stunden oder noch besser über Nacht durchkühlen lassen.

5. Die Eisbasis in die Eismaschine geben und nach Gebrauchsanweisung zu einem cremigen Eis rühren lassen. Kurz vor Ende der Gefrierzeit die Whiskey-Kirschen dazugeben.

Wie kalt? Eiskalt!

Der Behälter, in dem das frische Eis landet? Der muss richtig kalt sein! Wie kalt? 24-Stunden-vorher-ins-Tiefkühlfach-gegeben-kalt. Richtig kalt. Eis(!)kalt. Auch die Eisbasis sollte so kalt wie möglich sein, bevor sie in der Eismaschine zu Eis gerührt wird – ein paar Stunden im Kühlschrank reichen, über Nacht ist optimal. Warme Eisbasis muss nämlich länger gerührt werden und sorgt dafür, dass das Eis weniger cremig, sondern eher kristallig wird. Auch Karamell- oder Konfitüreswirls sollten abkühlen, bevor sie unter das Eis gerührt werden, sonst werden sie hart und bröselig, sobald sie gefrieren. Sobald das Eis fertig ist, sollte es so schnell wie möglich ins Tiefkühlfach. Okay, einen Löffel dürfen Sie naschen – oder auch zwei!

Brown Derby Float mit Grapefruit-Frozen-Yogurt

Ergibt 4–8 Portionen | Von Cristina Sciarra

Für den Grapefruit-Frozen-Yogurt

160 ml Grapefruitsaft

1 EL Abrieb von 1 Bio-Grapefruit

160 g Zucker

355 ml Milch

4 TL Speisestärke

55 g Frischkäse (Zimmertemperatur)

120 g Sahne

60 ml heller Maissirup

300 g griechischer Joghurt (Vollfett)

Für den Brown Derby

475 ml Grapefruitsaft

120 ml Bourbon

120 ml frisch gepresster Limettensaft

85 g Honig

1 TL Zitronenbitter (Cocktailbitter mit Zitronenaroma)

710 ml Grapefruitlimonade, gut gekühlt

Bei diesem Float trifft ein Brown Derby – ein besonders in den 1930ern beliebter Cocktail mit Grapefruitsaft, Bourbon und Honig – auf frischen Grapefruit-Frozen-Yogurt (inspiriert von einem Rezept von Jeni Britton Bauer). Der cremig-fruchtige Frozen Yogurt ist der perfekte Gegenpol zum herben Brown Derby – und sorgt zudem dafür, dass der Alkohol nicht ganz so stark im Vordergrund steht. Perfekt für einen heißen Nachmittag auf der Terrasse!

1. Für den Frozen Yogurt Grapefruitsaft, 1½ TL Grapefruitabrieb und 2 EL Zucker in einen Topf geben, gut verrühren und bei hoher Hitze 3–4 Minuten einkochen lassen, bis eine sirupartige Mischung entsteht. Den Sirup durch ein feines Sieb in eine kleine Schüssel streichen.

2. 60 ml Milch und die Speisestärke in eine kleine Schüssel geben und kräftig verrühren. Den Frischkäse in eine große Schüssel geben und glatt rühren.

3. Die übrige Milch, die Sahne, den übrigen Zucker, den Maissirup und den übrigen Grapefruitabrieb in einen Topf geben, einmal aufkochen lassen und dann bei mittlerer Hitze 4 Minuten köcheln lassen – das Timing ist wichtig, stoppen Sie wenn nötig die Zeit! Den Topf vom Herd nehmen und die Milch-Speisestärke-Mischung unterrühren. Den Topf wieder auf den Herd stellen und die Mischung bei mittlerer Hitze unter gelegentlichem Rühren weitere 2 Minuten eindicken lassen.

4. Die Mischung in die Schüssel mit dem Frischkäse geben und gut unterrühren, schließlich Joghurt und Grapefruitsirup ebenfalls unterrühren. Die Frozen-Yogurt-Basis durch ein feines Sieb in eine mittelgroße Schüssel streichen und im Kühlschrank mindestens 4 Stunden oder noch besser über Nacht durchkühlen lassen.

5. Die Frozen-Yogurt-Basis in die Eismaschine geben und nach Gebrauchsanweisung zu einem cremigen Frozen Yogurt rühren lassen. Den fertigen Frozen Yogurt in einen Behälter füllen und bis zum Servieren im Tiefkühlfach aufbewahren. Ergibt etwa 950 g.

6. Für den Brown Derby Grapefruitsaft, Bourbon, Limettensaft, Honig und Zitronenbitter in einen großen Krug geben und verrühren. Den Brown Derby kurz vor dem Servieren mit Grapefruitlimonade aufgießen.

7. Den Grapefruit-Frozen-Yogurt auf 4 (für den großen Durst) oder 8 (perfekte Menge für einen Aperitif) hohe Gläser verteilen, mit Brown Derby aufgießen und mit langen Löffeln servieren.

Après-Party-Granita

Ergibt etwa 475 g | Von Alice Medrich (leicht verändert übernommen aus *Pure Dessert*)

240 ml Rot- oder Weißwein oder Bier (Besonders abgestandenes Bier eignet sich!)

3 EL Zucker

gesüßte Schlagsahne als Topping (optional)

Wer kennt das nicht: Nach einer Party oder einem Abendessen gibt es jede Menge angebrochene Weinflaschen und übriges Bier. Dafür gibt es jetzt eine tolle Verwertungsmöglichkeit: Après-Party-Granitas! Zucker, Wasser und Alkohol, z. B. Rot- oder Weißwein – oder beides für Rosé-Granita – oder (abgestandenes) Bier, vermischen, frieren lassen und dabei gelegentlich mit einer Gabel durchrühren. Achtung: Die fertigen Granitas sind so stark wie der Alkohol, aus dem sie zubereitet wurden, und somit mit Vorsicht zu genießen – vor allem am Tag nach der großen Party!

1. Wein oder Bier, 90 ml Wasser und den Zucker in eine Schüssel geben und verrühren, bis sich der Zucker aufgelöst hat.

2. Die Mischung in eine große Auflaufform oder auf ein Backblech gießen und 4–5 Stunden im Tiefkühlfach frieren lassen, dabei jede Stunde einmal mit einer Gabel durchrühren, bis die Mischung gefroren ist. (Im Tiefkühlfach hält sich die Granita mehrere Wochen.)

3. Die Granita auf Stielgläser verteilen, nach Wunsch einen Klecks geschlagene Sahne dazugeben und servieren. Prost!

Rhabarber-Gin-Sorbet mit Rosensahne

Ergibt 8 Portionen | Von Yossy Arefi

Für das Rhabarber-Gin-Sorbet

200 g Zucker

450 g Rhabarber, in Stücke geschnitten

2 EL frisch gepresster Limettensaft

2 EL heller Maissirup

2 EL Gin, plus etwas mehr (eisgekühlten!) Gin zum Servieren

Für die Rosensahne

120 g Sahne

2 TL Zucker

4–8 Tropfen Rosenwasser

Blumig durch das Rosenwasser, herb-kräutrig dank des Gins, spritzig durch die Limette und leicht säuerlich (und hübsch pink!) dank des Rhabarbers – dieses luftig-fruchtige Sorbet ist so harmonisch ausgewogen und frisch wie eine leichte Frühlingsbrise. Und das Beste? Es muss vor dem Servieren nicht antauen, denn es ist so oder so wunderbar cremig!

1. Für das Sorbet Zucker und 120 ml Wasser in einen Topf geben und bei mittlerer Hitze erwärmen, bis sich der Zucker aufgelöst hat. Die Rhabarberstücke dazugeben und etwa 10 Minuten weich köcheln.

2. Die Mischung mit dem Pürierstab cremig mixen und schließlich Limettensaft und Maissirup unterrühren. Die Sorbetbasis im Kühlschrank mindestens 4 Stunden oder noch besser über Nacht durchkühlen lassen. Anschließend den Gin unterrühren.

3. Die Sorbetbasis in die Eismaschine geben und nach Gebrauchsanweisung zu einem cremigen Sorbet rühren lassen.

4. Das Sorbet in einen Behälter füllen und ins Tiefkühlfach geben.

5. Für die Rosensahne die Sahne in eine Schüssel geben und mit dem Handrührgerät auf mittlerer Stufe 2–3 Minuten steif schlagen. Den Zucker unterheben und dann tropfenweise Rosenwasser dazugeben. Dazwischen immer wieder probieren, damit das Rosenaroma nicht zu intensiv wird.

6. Das Sorbet auf Schüsseln verteilen, mit etwas gekühltem Gin beträufeln und mit je einem Klecks Rosensahne servieren.

Eis richtig aufbewahren

Selbst gemachtes Eis fühlt sich am wohlsten in einem zauberhaften Eiszauberland mit der immer gleichen eisigen Temperatur und möglichst ohne mit Luft in Berührung zu kommen. Wir können kein magisches Portal zu einem fernen Eisland öffnen, aber wir können zumindest unser Bestes tun, damit sich Eis wohlfühlt und nicht davonrinnt! Das fertige Eis in einen flachen, luftdicht verschließbaren Behälter geben und den Deckel fest verschließen. Als zusätzliche Sicherheitsmaßnahme können Sie das Eis auch mit Frischhaltefolie oder Wachspapier abdecken – so verhindern Sie, dass sich auf der Oberfläche Eiskristalle bilden. Kaum zu glauben, aber sogar tiefkühltaugliche Zippbeutel lassen sich zu Eisbehältnissen umfunktionieren. Das Eis im Tiefkühlfach dann so weit unten und hinten wie möglich aufbewahren, denn dort ist es normalerweise am kältesten. Und jetzt kommt der vielleicht schwierigste Teil: Das Tiefkühlfach nicht zu oft auf- und zumachen, damit es im Eisland wirklich eiskalt bleibt. Das ist nicht einfach, aber es lohnt sich!

Die Herzhaften

Feta-Eis mit schwarzem Pfeffer

Ergibt etwa 950 g | Von Cristina Sciarra

170 g Feta (Zimmertemperatur)

140 g Frischkäse (Zimmertemperatur)

175 ml Milch

1 EL frisch gepresster Zitronensaft

½ TL frisch gemahlener schwarzer Pfeffer

300 g Sahne

135 g Zucker

20 g Magermilchpulver

4 Eigelb

Wenn Sie nicht wirklich eine Naschkatze sind und auch nach einem guten Abendessen lieber eine Käseplatte bestellen – dann ist dieses Eis genau das Richtige für Sie! Es ist sahnig und schmeckt ganz dezent nach Feta, überrascht durch eine angenehm salzige Note und einen buttrig goldenen Farbton (Das liegt am Eigelb!). Natürlich – das hier ist schließlich immer noch ein Eis! – ist es auch cremig-süß, aber zusätzlich sorgt ein Hauch Pfeffer für ein interessantes Aroma. Am besten verwendet man dafür frisch gemahlene schwarze Pfefferkörner – sie sollten außerdem möglichst fein gemahlen werden, denn niemand will auf riesige Pfefferstücke beißen. Dieses Eis passt perfekt als eisige Variante zur Käseplatte, eignet sich aber auch als Zwischengang – dann zum Beispiel mit Wassermelonestückchen oder Erdbeeren, Iced Milk mit Roter Bete (Seite 153) oder Balsamico-Toffee-Sauce (Seite 19).

1. Feta, Frischkäse, 120 ml Milch, Zitronensaft und schwarzen Pfeffer in eine große Schüssel geben und verrühren. Die Mischung mit dem Handrührgerät auf mittlerer Stufe etwa 2 Minuten aufschlagen, bis sie glatt und geschmeidig ist.

2. Sahne, 65 g Zucker, die übrige Milch und das Magermilchpulver in einen Topf geben und verrühren. Die Mischung bei mittlerer Hitze einmal aufkochen lassen, dann denn Topf vom Herd nehmen.

3. Eigelbe und den übrigen Zucker in eine kleine Schüssel geben und etwa 30 Sekunden schaumig schlagen. Die Milch-Sahne-Mischung nach und nach dazugeben und gut unterrühren.

4. Die Mischung zurück in den Topf geben und bei geringer Hitze unter gelegentlichem Rühren köcheln lassen, bis sie leicht eindickt.

5. Die Mischung zur Feta-Frischkäse-Michung geben und mit dem Pürierstab etwa 1 Minute mixen, bis sie geschmeidig ist, anschließend etwa 30 Minuten abkühlen lassen und dann durch ein feines Sieb in eine Schüssel streichen. Die Eisbasis im Kühlschrank mindestens 4 Stunden oder noch besser über Nacht durchkühlen lassen.

6. Die gekühlte Eisbasis in die Eismaschine geben und nach Gebrauchsanweisung zu einem cremigen Eis rühren lassen.

Gurken-Sherbet

Ergibt etwa 950 g | Von Winnie Abramson

2 Gurken (nach Geschmack geschält), in Stücke geschnitten

225 g Honig

80 g Crème fraîche

frisch gepresster Saft von 2 Limetten

3 EL Wodka

Honig und ein Hauch Zitronensaft kitzeln die Süße aus der Gurke und die Crème fraîche macht das Sherbet supercremig (Noch cremiger wird das Eis, wenn Sie die Eisbasis durch ein feines Sieb streichen, bevor Sie sie in die Eismaschine geben!). Die Crème fraîche ist es auch, die dieses Eisdessert zu einem Sherbet macht – denn das Sherbet ist sozusagen eine Variante des Sorbets, nur dass hier auch Sahne oder Milch oder eben Crème fraîche in die Basis kommen. Um diesem Eisdessert den letzten Schliff zu geben, servieren Sie es mit einem Extraklecks Crème fraîche – und wer es raffiniert mag, gibt noch ein Stück frische Honigwabe dazu.

1. Alle Zutaten im Standmixer cremig pürieren.

2. Die Mischung in die Eismaschine geben und nach Gebrauchsanweisung frieren lassen – die Konsistenz des Sherbets sollte der eines Sorbets oder einer Granita ähneln.

3. Das Sherbet sofort servieren oder in einen Behälter füllen und bis zum Servieren im Tiefkühlfach aufbewahren, wenn Sie eine etwas festere Konsistenz bevorzugen.

Genialer Tipp: Rettung für zerlaufenes Eis

Es passiert schnell, dass man den Eisbehälter auf der Küchentheke vollkommen vergisst, während man auf der Terrasse cremiges selbst gemachtes Eis löffelt. Doch das böse Erwachen kommt bestimmt: warmes, zerlaufenes Eis, das man mit einem Strohhalm schlürfen könnte. Jetzt heißt es Ruhe bewahren! Geben Sie das Eis auf keinen Fall so wie es ist ins Tiefkühlfach, denn wenn zerlaufenes Eis friert, bilden sich Eiskristalle – und die ganze Cremigkeit ist dahin! Christina Tosi von der *Momofuku Milk Bar* hat uns verraten, was jetzt am besten zu tun ist: Das Eis komplett schmelzen lassen, wieder in die Eismaschine geben und zu Eis rühren lassen (Der Eismaschinenbehälter sollte mindestens zur Hälfte gefüllt sein!). Genau nach diesem Prinzip kann man übrigens Eis retten, dass geschmacklich nicht ganz so geworden ist, wie man es sich vorgestellt hat: Das Eis schmelzen lassen, nach Geschmack verfeinern und wieder ab damit in die Eismaschine. Wenn Sie keine Eismaschine haben, mixen Sie aus geschmolzenem Eis einfach Milchshakes (Seite 32) – geben Sie allerdings etwas weniger Milch dazu, sonst werden die Milchshakes zu flüssig.

Mais-Semifreddo mit Rosmarin-Shortbread und Blaubeerkompott

Ergibt 10–12 Portionen | Von Sarah Simmons

Für das Rosmarin-Shortbread

125 g Mehl, plus mehr zum Arbeiten

2½ TL gehackter frischer Rosmarin

½ TL Salz

110 g Butter (Zimmertemperatur)

65 g Zucker

Für das Mais-Semifreddo

2 Maiskolben, geputzt

950 g Sahne

¼ Vanilleschote, der Länge nach halbiert und das Mark herausgekratzt

8 Eigelb (Zimmertemperatur)

150 g Zucker

½ TL Salz

Für das Blaubeerkompott

600 g Blaubeeren

140 g Zucker

1 EL frisch gepresster Zitronensaft

Nachdem Sarah im New Yorker Restaurant *Locanda Verde* einen Budino (die italienische Variante eines Puddings) mit Mais gegessen hat und dann auch noch in einem Newsletter der James-Beard-Foundation auf ein Rezept für Mais-Budino gestoßen ist, hat sie begonnen, mit der Kombination Mais/Sahne zu experimentieren. Das Ergebnis? Ein Eisdessert, das unterschiedlichste Geschmacksnuancen, von herzhaft bis süß, harmonisch vereint: Sarah kombiniert süßes Mais-Semifreddo (Ganz eindeutig der Hauptdarsteller!) mit herrlich mürbem Rosmarin-Shortbread und saftigem Blaubeerkompott. Manchmal verwendet sie auch Karamellsauce anstatt des Kompotts – so schmeckt das Semifreddo leicht nach süßem Popcorn. Uns ist es ganz egal, was zu diesem köstlichen Semifreddo serviert wird, wir können so oder so nicht genug bekommen!

1. Für das Shortbread den Backofen auf 150 °C vorheizen. Mehl, Rosmarin und Salz in eine Schüssel geben und vermischen.

2. Zucker und Butter in eine große Schüssel geben und mit dem Handrührgerät auf mittlerer Stufe schaumig schlagen. Nach und nach (in kleinen Portionen von etwa 30 g) die Mehlmischung dazugeben und vermischen. Den Teig schließlich zu einer Kugel formen, in Frischhaltefolie einschlagen und 30–60 Minuten im Kühlschrank ruhen lassen.

3. Den Teig auf einer leicht bemehlten Arbeitsfläche rechteckig etwa 1,5 cm dick ausrollen und dann in ungefähr gleich große Rechtecke schneiden.

4. Die Teigrechtecke auf ein ungefettetes Backblech geben und etwa 30 Minuten backen, bis sie goldbraun sind.

5. Das fertige Shortbread auf einem Kuchengitter komplett auskühlen lassen. (Luftdicht verschlossen hält es sich bei Zimmertemperatur bis zu einer Woche.)

6. Für das Semifreddo die Maiskörner von den Kolben schneiden. Maiskörner, Maiskolben, Sahne und Vanillemark und -schote in einen großen Topf geben.

7. Die Mischung bei mittlerer Hitze einmal aufkochen lassen, dann in eine große Schüssel geben, mit Frischhaltefolie abdecken und mindestens 12 Stunden (und höchstens 2 Tage) kalt stellen.

FORTSETZUNG SIEHE NÄCHSTE SEITE

MAIS-SEMIFREDDO MIT ROSMARIN-SHORTBREAD UND BLAUBEER-KOMPOTT – FORTSETZUNG

8. Einen mittelgroßen Topf 4 cm hoch mit Wasser füllen und bei mittlerer Hitze aufsetzen. Eigelbe, 100 g Zucker und Salz in eine Metall- oder Glasschüssel geben. Die Schüssel auf den Topf mit dem sprudelnden Wasser setzen – der Boden der Schüssel darf dabei nicht mit dem Wasser in Berührung kommen – und Eigelbe und Zucker über dem Wasserbad etwa 10–15 Minuten cremig aufschlagen. Die Schüssel in eine größere Schüssel mit Eiswasser geben und die Mischung unter Rühren abkühlen lassen.

9. Die Maiskolben und die Vanilleschote beiseitegeben. Den übrigen Zucker dazugeben und die Mischung 5–7 Minuten steif schlagen.

10. Ein Viertel der Maissahne in die Eigelb-Zucker-Mischung rühren, dann nach und nach die übrige Maissahne unterheben.

11. Eine rechteckige Backform (23 × 33 cm) mit Backpapier auslegen, dabei das Backpapier an den langen Seiten der Form großzügig überstehen lassen. Das Shortbread in der Küchenmaschine oder mithilfe eines Fleischklopfers zerbröseln.

12. Die Semifreddobasis in die vorbereitete Form geben, die Shortbreadbrösel darauf verteilen und mit Backpapier abdecken. Das Semifreddo mindestens 8 Stunden im Tiefkühlfach durchfrieren lassen. (Es hält sich im Tiefkühlfach bis zu 3 Tage.)

13. Für das Blaubeerkompott 300 g Blaubeeren, Zucker und Zitronensaft in einen Topf geben und verrühren. Die Mischung bei mittlerer Hitze unter gelegentlichem Rühren etwa 8–10 Minuten köcheln lassen.

14. Die Beerenmischung anschließend etwa 2 Minuten bei hoher Hitze unter ständigem Rühren einkochen lassen. Das Kompott in eine Schüssel geben, die übrigen Beeren dazugeben und unterrühren.

15. Das Semifreddo aus dem Tiefkühlfach nehmen und etwa 5 Minuten antauen lassen. Ein Backblech mit Backpapier auslegen.

16. Das Semifreddo auf das vorbereitete Backblech stürzen und das Backpapier vorsichtig abziehen. Das Semifreddo in Stücke schneiden, auf Teller geben und mit Blaubeerkompott servieren.

Tomaten-Pfirsich-Sorbet mit Basilikum

Ergibt etwa 1400 g | Von Cristina Sciarra

135 g Zucker

10 g frische Basilikumblätter

900 g Tomaten (2–3 große Tomaten)

450 g Pfirsich (2 große Pfirsiche)

Drei unserer liebsten Sommer-Zutaten – Tomaten, Pfirsiche und Basilikum! – mehr braucht man nicht (keine Milch, Sahne oder übermäßig viel Zucker) für dieses sommerliche, nicht zu süße Eisdessert. Verwenden Sie am besten wirklich reife Tomaten und Pfirsiche, das sorgt für besonders intensiven Geschmack – und gute Laune!

1. 240 ml Wasser und den Zucker in einen Topf geben und bei mittlerer Hitze erwärmen, bis sich der Zucker aufgelöst hat. Den Basilikum dazugeben und etwa 10 Minuten ziehen lassen. Den Sirup durch ein feines Sieb gießen, dabei die Basilikumblätter mit einem Löffelrücken im Sieb ausdrücken, damit kein bisschen Sirup verloren geht. (Luftdicht verschlossen hält sich der fertige Sirup im Kühlschrank bis zu 3 Tage.)

2. Die Tomaten halbieren, den Stielansatz entfernen und mit einem Löffel die Kerne herauslösen und beiseitegeben. Die Tomaten mit einer Gemüseraspel raspeln und die Schalen beiseitegeben. Die Pfirsiche mit einem scharfen Messer schälen, halbieren, entsteinen und dann das Fruchtfleisch in Stücke schneiden.

3. Basilikumsirup, Tomatenmus und Pfirsichstückchen etwa 1 Minute fein pürieren, anschließend durch ein feines Sieb streichen und im Kühlschrank mindestens 2 Stunden oder noch besser über Nacht durchkühlen lassen.

4. Die gekühlte Sorbetbasis in die Eismaschine geben und nach Gebrauchsanweisung zu einem cremigen Sorbet rühren lassen. Am besten schmeckt das Sorbet direkt aus der Eismaschine, wenn Sie es einfrieren, nehmen Sie es etwa 15 Minuten vor dem Servieren aus dem Tiefkühlfach.

Genialer Tipp: Superschnelles Beerensorbet

Die Geheimzutat von Ruth Rogers und Rose Gray, den Besitzerinnen des *River Cafés*, für ihr köstliches, zuckerarmes supereinfaches Erdbeersorbet ist? Eine ganze Zitrone! Nicht nur gibt die Schale dem sonst sehr süßen Sorbet eine herb-intensive Note, durch den Zitronensaft löst sich außerdem den Zucker auf, sodass es nicht notwendig ist, zuerst extra einen Zuckersirup zu kochen. Und so geht's: Eine in Stücke geschnittene Bio-Zitrone (mit Schale und allem – wenn möglich allerdings ohne Kerne) und 400 g Zucker in die Küchenmaschine geben und fein mixen. Die Mischung in eine Schüssel geben. 900 g Erdbeeren in die Küchenmaschine geben und pürieren. Weil dieses Sorbet so supereinfach zuzubereiten ist, haben wir es auch mit anderen Beeren zubereitet – mehr als erfolgreich! Die pürierten Beeren, die Zitronen-Zucker-Mischung und den Saft einer Zitrone verrühren (Wer es weniger süß mag, gibt noch mehr Zitronensaft dazu!) und dann in der Eismaschine zu Sorbet rühren lassen.

Verbrannter-Toast-Eis

Ergibt etwa 1200 g | Von Cristina Sciarra

2 Scheiben weißes Toastbrot oder Weißbrot (etwa 6 mm dick)

415 g Sahne

300 ml Milch

125 g Zucker

35 g Magermilchpulver

4 Eigelb

Wenn Sie bisher immer versucht haben, Ihr Möglichstes zu tun, damit Toast nicht verbrennt, denken Sie daran, wie gerne Sie Toast mit Butter essen und stellen Sie sich dann vor, dass »verbrannter« Toast eigentlich nichts anderes ist als karamellisierter Toast – was ein echt super Geschmack für ein Eis ist! Vertrauen Sie uns: Die leicht verbrannten Toaststückchen sind es, die dieses Eis so unwiderstehlich lecker machen – herzhaft, sahnig-cremig und mit, wie es Cristina nennt, feinem Toaststaub. Tolles Extra: Überlegen Sie doch einmal, wie teuflisch gut es sich anfühlen wird, Toast *mit Absicht* verbrennen zu lassen.

1. Die Toastscheiben so lange toasten, bis sie dunkelbraun und stellenweise sogar leicht verbrannt sind, und dann in der Küchenmaschine zu feinem Toaststaub mahlen.

2. Sahne, Milch, 100 g Zucker und das Magermilchpulver in einen Topf geben und verrühren. Die Mischung bei mittlerer Hitze einmal aufkochen lassen, dann den Topf vom Herd nehmen.

3. Eigelbe und den übrigen Zucker in eine Schüssel geben und etwa 1 Minute schaumig schlagen. Nach und nach die Sahne-Milch-Mischung dazugeben und gut verrühren.

4. Die Mischung zurück in den Topf geben und bei geringer Hitze unter gelegentlichem Rühren köcheln lassen, bis sie leicht eindickt.

5. 25 g Toaststaub zur Eisbasis geben und unterrühren – den übrigen Toaststaub zum Garnieren verwenden! Die Eisbasis etwa 30 Minuten abkühlen lassen, dann durch ein feines Sieb in eine Schüssel streichen und im Kühlschrank mindestens 4 Stunden oder noch besser über Nacht durchkühlen lassen.

6. Die gekühlte Eisbasis in die Eismaschine geben und nach Gebrauchsanweisung zu einem cremigen Eis rühren lassen.

Burnt Toast & Food52

Verbrannter Toast ist nicht nur deshalb etwas Besonderes für uns, weil er in diesem Eis einfach köstlich schmeckt – unsere Verbrannter-Toast-Unfälle waren so legendär, dass wir unser Unternehmen ursprünglich sogar Burnt Toast nennen wollten. Schließlich hat sich zwar Food52 durchgesetzt, aber raten Sie mal, wie unser Podcast heißt!

Butternuss-Tahin-Eis mit karamellisierten Mandeln

Ergibt etwa 950 g | Von Posie Harwood

Für das Butternuss-Tahin-Eis

680 g Butternusskürbis, geschält, ohne Kerne und in etwa 5 cm große Würfel geschnitten

1 EL Butter, in Flöckchen

590 ml Milch

5 Zimtstangen

185 g Zucker

120 g Sahne

125 g weiches Tahin (Das Tahin im Glas rühren, bis es glatt und geschmeidig ist!)

¼ TL Salz

5 Eigelb

Für die karamellisierten Mandeln

70 g Mandelblättchen

3 EL Zucker

eine Prise Salz

Oh, es gibt Kürbis zum Abendessen? Kaufen Sie gleich etwas mehr, denn wir haben da etwas für Sie: ein leckeres Kürbiseis! Wird Butternusskürbis im Ofen gebacken, wird er herrlich süß, was wiederum der perfekte Gegenpol zum erdigen Tahin ist. Aber was dieses Eis zu einem echten Dessert-Knaller macht, sind die karamellisierten Mandeln! Sie sind knackig, geben dem Eis ein leckeres süßen Karamellaroma und schmecken übrigens auch toll im Salat!

1. Den Backofen auf 190 °C vorheizen. Die Kürbiswürfel und die Butterflöckchen auf einem mit Alufolie ausgelegten Backblech verteilen, mit Alufolie abdecken und etwa 45 Minuten backen, bis der Kürbis weich ist.

2. Die gebackenen Kürbiswürfel leicht abkühlen lassen und dann im Standmixer oder in der Küchenmaschine fein pürieren. Etwa 355 g Kürbispüree in eine große Schüssel geben. (Übriges Kürbispüree schmeckt toll als Beilage zum Beispiel zu Fleischgerichten!)

3. Milch und Zimtstangen in einen Topf geben und bei mittlerer Hitze einmal aufkochen lassen, dann den Topf vom Herd nehmen und die Zimtmilch abgedeckt etwa 30 Minuten ziehen lassen. Die Zimtstangen herausnehmen.

4. 475 ml Zimtmilch, 100 g Zucker, Sahne, Tahin und Salz in einen Topf geben, verrühren und bei mittlerer Hitze zum Köcheln bringen.

5. In der Zwischenzeit die Eigelbe und den übrigen Zucker in eine große Schüssel geben und schaumig schlagen. Sobald die Zimtmilch-Sahne-Mischung köchelt, nach und nach die Eigelb-Zucker-Mischung unterrühren. Die Mischung unter ständigem Rühren bei mittlerer Hitze etwa 7 Minuten eindicken lassen, dann zum Kürbispüree geben und alles gut verrühren. Die Eisbasis auf Zimmertemperatur abkühlen lassen und anschließend über Nacht im Kühlschrank durchkühlen lassen.

6. Die Eisbasis in die Eismaschine geben und nach Gebrauchsanweisung zu einem cremigen Eis rühren lassen.

7. In der Zwischenzeit für die karamellisierten Mandeln die Mandelblättchen, Zucker und Salz in einen Topf geben und etwa 10 Minuten unter gelegentlichem Rühren bei mittlerer Hitze erwärmen, bis der Zucker goldbraun ist. Die karamellisierten Mandeln auf einen Teller geben und abkühlen lassen.

8. Die Mandeln grob hacken und kurz vor Ende der Gefrierzeit in die Eismaschine geben.

Iced Milk mit Roter Bete

Ergibt großzügige 950 g | Von Cristina Sciarra

450 g Rote Bete, geschält und in Stücke geschnitten

590 ml Milch

150 g Zucker

120 g Sahne

20 g Magermilchpulver

1 EL Wodka

Iced Milk enthält im Gegensatz zu Eis weniger Butterfett, wodurch die anderen Aromen besser zur Geltung kommen. Und die Konsistenz? Ist alles andere als eisig, sondern superluftig (fast wie bei einem Sorbet)! Die Rote Bete sorgt für einen tollen erdigen Geschmack und eine kräftige pinke Farbe. Und zu dieser köstlichen Iced Milk passt alles, was auch sonst zu Roter Bete passt: ein Löffel superschnelles Beerensorbet (Seite 147) oder Feta-Eis (Seite 139), kandierte Zitrusschalen (siehe unten) oder einfach nur ein paar Schokoladenspäne. Schokoladen-Rote-Bete-Kuchen? Kennen Sie nicht? Ist aber wirklich gut – vor allem mit einem Löffel Iced Milk. Das gilt übrigens auch für warme Brownies. Himmlisch!

1. Die Rote-Bete-Stücke und je 120 ml Wasser und Milch in einen Standmixer oder eine Küchenmaschine geben und etwa 2 Minuten fein pürieren. Die Mischung mit der übrigen Milch, dem Zucker, der Sahne und dem Magermilchpulver in einen Topf geben und bei mittlerer Hitze einmal aufkochen lassen. Den Topf vom Herd nehmen und den Wodka unterrühren.

2. Die Iced-Milk-Basis etwa 30 Minuten abkühlen lassen und dann durch ein feines Sieb in eine Schüssel streichen, dabei die Rote Bete mit einem Löffel möglichst gut ausdrücken und das übrige Rote-Bete-Mus beiseitegeben. Die Iced-Milk-Basis im Kühlschrank mindestens 4 Stunden oder noch besser über Nacht durchkühlen lassen.

3. Die gekühlte Iced-Milk-Basis in die Eismaschine geben und nach Gebrauchsanweisung zu einem cremigen Eis rühren lassen. Die fertige Iced Milk in einen Behälter füllen und bis zum Servieren ins Tiefkühlfach geben.

Kandierte Zitrusschalen

Für die kandierten Zitrusschalen die Schale von Zitrusfrüchten (Zitrone, Orange, Grapefruit, Limette, und, und, und) abziehen und in feine Streifen schneiden. Kaltes Wasser und die Streifen in einen Topf geben, einmal aufkochen und dann 1–2 Minuten köcheln lassen. Dadurch werden die Schalen weich, weniger bitter und intensiver im Geschmack. Die Schalen abseihen und in eine Schüssel mit kaltem Wasser geben. Sollten die Schalen noch zu hart oder bitter sein, einfach nochmals blanchieren. Zucker und Wasser – für die Schale von 3 Zitronen brauchen Sie etwa 250 ml Wasser und 200 g Zucker – in einen Topf geben und unter Rühren erwärmen, bis sich der Zucker aufgelöst hat. Die Schalen dazugeben, die Hitze reduzieren und die Schalen etwa 15 Minuten im Zuckersirup köcheln lassen. Die kandierten Schalen mit einer Schaumkelle aus dem Sirup nehmen und auf einem Kuchengitter abkühlen lassen. Die kandierten Zitrusschalen passen perfekt zu Iced Milk mit Roter Bete, Lavendel-Kokos-Eis (Seite 88) oder Rhabarber-Gin-Sorbet (Seite 134).

Avocado-Gelado

Ergibt etwa 950 g | Von Abbie Argersinger

475 ml Milch

1 Vanilleschote, der Länge nach halbiert und das Mark herausgekratzt

4 Eigelb

200 g Zucker

3 reife Avocados

frisch gepresster Saft von 1½ Zitronen

240 g Sahne

Die Inspiration für dieses Avocado-Gelado – Gelado? Richtig gelesen, wir lieben Reime! – war ein Avocado-Shake, den es in einem brasilianischen Restaurant, in dem Abbie früher gearbeitet hat, gegeben hat. Dieses zartgrüne Eis ist supercremig (Danke, Avocado!) und schmeckt pur einfach himmlisch. Es lässt sich aber auch ganz einfach variieren! Bereiten Sie zum Beispiel einen cremigen Schokoladen-Avocado-Milchshake zu. Oder verwenden Sie Limettensaft anstatt Zitronensaft. Oder geben Sie kurz vor Ende der Gefrierzeit Schokoladensplitter (Seite 8) in die Eismaschine. Oder geben Sie zwei Kugeln Avocado-Gelado in eine kleine Schale und beträufeln Sie sie mit Hot Fudge (Seite 99) – oder geben Sie einige karamellisierte Zitrusscheiben (siehe unten) dazu. Gegen dieses Eis sieht selbst Guacamole alt aus, oder?

1. Milch und Vanillemark und -schote in einen Topf geben und bei mittlerer Hitze zum Köcheln bringen, dann den Topf vom Herd nehmen und die Vanillemilch etwa 30 Minuten abkühlen lassen.

2. Eigelbe und Zucker dazugeben und gut unterrühren, dann die Mischung wieder auf den Herd geben und bei mittlerer Hitze unter ständigem Rühren köcheln lassen, bis sie eindickt. Die Mischung abkühlen lassen und dann im Kühlschrank mindestens 2 Stunden oder noch besser über Nacht durchkühlen lassen. Anschließend die Vanilleschote entfernen.

3. Die Avocados halbieren, den Kern entfernen und das Fruchfleisch herauslöffeln und würfeln. Avocadowürfel, Zitronensaft und Sahne in der Küchenmaschine cremig pürieren. Die Avocado-Sahne-Mischung zur abgekühlten Eigelb-Zucker-Vanillemilch-Mischung geben und cremig mixen.

4. Die Eisbasis in die Eismaschine geben und nach Gebrauchsanweisung zu einem cremigen Eis rühren lassen.

Karamellisierte Zitrusscheiben

Die dünnen, mit Zucker bestreuten und dann im Backofen karamellisierten Zitrusscheiben schmecken nicht nur köstlich, sie machen auch optisch so richtig was her! Und so geht's: Den Backofen auf Grillstufe vorheizen. Boden und Deckel von den gewünschten Zitrusfrüchten abschneiden und dann mit einem scharfen Messer von oben nach unten die Schale und die weiße Haut abziehen. Danach die Früchte in etwa 1,5 cm dicke Scheiben schneiden, diese auf ein mit Backpapier ausgelegtes Backblech geben und mit Turbinado-Zucker bestreuen. Das Backblech in den Backofen geben (oberste Schiene!) und die Zitrusscheiben grillen, bis der Zucker dunkelbraun karamellisiert ist. Eine karamellisierte Zitrusscheibe auf – oder unter – eine Eiskugel geben und genießen.

Danksagung

Am besten schmeckt Eis, wenn man es gemeinsam mit Freunden isst. Und mit dem Bücherschreiben ist es ähnlich!

Dieses Buch wäre nicht das, was es heute ist, ohne die vielen Food52-Community-Mitglieder, die immer neue, noch cremigere, noch verrücktere und noch leckerere Eisrezepte erträumen. Wir danken allen, die ihre Rezepte und ihre Weisheiten mit uns bei Food52 – und jetzt auch mit Ihnen – teilen. Unser Tiefkühlfach wäre heute ohne euch nicht so voll, wie es ist, daher vielen Dank an Abbie Argersinger, Alice Medrich, Amanda Hesser, Angela Brassinga, Barbara Reiss, Big Gay Ice Cream, Bobbi Lin, Brooks Headley, Christina Tosi, Cristina Sciarra, Cynthia Chen McTeman, David Lebovitz, Derek Laughren, Elina Cohen, Emiko Davies, Emily Connor, Emily Vikre, Ethan Frisch, Kathy Wielech Patterson, Katie Quinn, Lisa Canducci Bailey, Liz Larkin, Mandy Lee, Marian Bull, Mary French, Max Falkowitz, Merrill Stubbs, Michelle Lopez, Molly Yeh, Mrs. Mehitabel, Nicholas Day, Nicole Rucker, Pat Aresty, Phyllis Grant, Posie Harwood, The River Café, Sarah Simmons, Suzanne DeBrango, Virginia Kellner, Winnie Abramson und Yossy Arefi. Unser ganz besonderer Dank gilt Alice Medrich, die unsere Website mit grundlegenden Informationen zu Eis regelrecht geflutet hat und immer da war, um Anrufe entgegenzunehmen und uns zu beruhigen, wenn wir wieder einmal grundlos kurz vor dem Nervenzusammenbruch standen.

Vielen Dank an Cristina Sciarra, unsere Eisfee, die unzählige Rezepte für Eis, Extras und Toppings beigesteuert und nie die Geduld verloren hat, wenn wir immer wieder mit neuen Ideen (Verbrannter Toast? Zitronen-Spoom?!) ankamen. Wir können uns nicht entscheiden, welches der 30 Rezepte, die sie für dieses Buch entwickelt hat, unser Lieblingsrezept ist – also versuchen wir es erst gar nicht und lieben einfach alle! Danke, dass du deine Profi-Eismaschine für Fotoshootings angeschleppt hast, und dafür, dass du jede E-Mail in Rekordzeit beantwortet hast.

Unsere Lektorinnen Kristen Miglore, Ali Slagle, Sarah Jampel, Kenzi Wilbur, Amanda Sims, Caroline Lange, Samantha Weiss-Hills und Leslie Stephens haben bereits vormittags um zehn Uhr Eis gegessen und sich dabei Notizen gemacht – nur dank ihnen liest sich jedes dieser Rezepte so unglaublich appetitlich und trotzdem leicht verständlich. Ihr seid einfach toll! Dieses Buch wäre nicht das, was es ist, wäre da nicht Sarah gewesen, deren unzählige Ideen, wie das Eismachen mehr Spaß machen kann, Ali dabei geholfen haben, das Buch schließlich zu einem einheitlichen Ganzen zusammenzuflicken.

Liebes Foto-Team, es ist vollbracht! Danke, James Ransom und Alexis Anthony, dafür, dass ihr unser Eis liebt, nicht nur, weil es gut schmeckt, sondern auch, weil es toll aussieht. Danke, James, dass du dieses Buch mit uns fotografiert hast, obwohl du auf Paleo-Diät warst, und danke dir, Alexis, dafür, dass du immer einen Weg gefunden hast, unser Eis so wunderschön in Szene zu setzen. Foodstyling ist bei Eis gar nicht so leicht, nicht wahr, Kristen und Sarah? Aber wir haben es geschafft! Und nächstes Mal arbeiten wir nicht mehr ohne Klimaanlage – versprochen! Vielen Dank an Josh Cohen und seine fleißigen Helfer Allison Buford, Elizabeth Parlin, Scott Cavagnaro, Elena Apostolides und Shannon Elliot die Woche für Woche zwei Tiefkühlschränke mit Eis gefüllt haben – und nur ausgerastet sind, wenn die Eismaschine mal wieder den Geist aufgegeben hat.

Außerdem möchten wir uns bei unseren Testessern – Anna Francese Gass, Dawne Marie Shonfield, Jennifer Philipp, Kate Knapp, Lauren Shockey und Marisa Robertson-Textor – dafür bedanken, dass sie auch im Winter und bei Kältekopfschmerzen nicht aufgegeben und die besten Rezepte ausgewählt haben. Danke, dass wir euch mit Eis füttern durften, bis ihr fast geplatzt seid. Ein herzliches Dankeschön an unsere Chef-Rezept-Testerin Stephanie Bourgeois – vor allem dafür, dass sie E-Mails mit Betreff wie »Mengenangabe Verbrannter-Toaststaub« beantwortet hat, ohne mit der Wimper zu zucken. Vielen Dank außerdem an CB Owens für seinen Blick fürs Detail und die Liebe zur Kommasetzung, die wahrscheinlich genauso groß ist wie unsere Liebe zum Eis.

Danke an Amanda, Merrill und den Rest des Food52-Teams dafür, dass ihr unsere Meinung teilt, dass es beim Eis keine Grenzen gibt – im Hinblick auf Geschmackskombinationen, Methoden und Spaß – und dass ihr unseren unzähligen Eistreffen beigewohnt habt. Und vielen Dank für all das, was ihr im Hintergrund geleistet habt, um dieses Buch möglich zu machen.

Vielen Dank auch an Ten Speed – wir wissen, dass jeder von euch seinen Beitrag zu diesem Buch geleistet hat. Danke, dass ihr an ein anderes, lockereres und verrückteres Eisbuch geglaubt habt – und uns geholfen habt, genau so eines zu schreiben!

Register

F

G

H

I

J

K

L

M

N

O

P

R

S

Für die deutsche Ausgabe:
Programmleitung Monika Schlitzer
Redaktionsleitung Caren Hummel
Projektbetreuung Melanie Haizmann
Herstellungsleitung Dorothee Whittaker
Herstellungskoordination Arnika Marx
Herstellung Jenny Kolbe
Covergestaltung Franziska Creutzburg

Titel der englischen Originalausgabe:
ICE CREAM & FRIENDS

Die Originalausgabe erschien 2017 in den USA bei Ten Speed Press, einem Imprint der Crown Publishing Group,ein Unternehmen der Penguin Random House LLC, New York.

Producing Print Company
Druck und Bindung RR Donnelley Asia Printing Solutions Limited, China

ISBN 978-3-8310-3527-4

Besuchen Sie uns im Internet
www.dorlingkindersley.de

Hinweis
Die Informationen und Ratschläge in diesem Buch sind sorgfältig erwogen und geprüft, dennoch kann eine Garantie nicht übernommen werden. Eine Haftung der Autoren bzw. des Verlags und seiner Beauftragten für Personen-, Sach- und Vermögensschäden ist ausgeschlossen.

WICHTIGE HINWEISE

— Bei Zitronen, Orangen und Limetten immer Biofrüchte verwenden und Zitronen-, Orangen- und Limettensaft wenn möglich frisch pressen.

— Obst und Gemüse vor der Verwendung immer gründlich waschen.

— Bei Eiern möglichst Bioware der Größe M verwenden.

— Mit Milch ist grundsätzlich Vollmilch gemeint. Sie können diese auch durch fettarme oder sogar laktosefreie Milch ersetzen, das kann allerdings dazu führen, dass sich Geschmack und Konsistenz des fertigen Eises verändern.

— Reiner Vanilleextrakt ist in der Apotheke, im Reformhaus und mittlerweile auch in gut sortierten Supermärkten erhältlich. Alternativ kann das Mark einer Vanilleschote verwendet werden.

— Turbinado-Zucker ist ein heller, brauner Rohrzucker mit einem leichten Melasse-Aroma und relativ großen Zuckerkristallen. Man findet ihn in gut sortierten Supermärkten oder im Reformhaus. Alternativ kann man jede Art von Rohrzucker verwenden.